少年讀中國系列

科技之光

鄭蔚 / 著

中華教育

寫在前面的話

　　親愛的少年朋友們，大家好！身處校園的你們，平日裏大多時候，可能都埋頭於繁忙的學業。儘管如此，相信你們也能通過各種渠道，感受到中國發展的蓬勃生機，體會到身為一個中國少年的責任和擔當。

　　歷史滄桑，一百年前的中國積貧積弱，飽受欺辱。就在這樣的黑暗中，中國共產黨誕生了，她猶如一盞明燈，照亮了中國的未來。一百年來，在中國共產黨的領導下，建立了偉大的新中國；在中國共產黨的領導下，改革開放從艱難起步到如火如荼；在中國共產黨的領導下，人民生活越來越幸福美好……

　　如今，中國特色社會主義已步入到了新時代，中國取得的偉大成就舉世矚目！少年朋友們，你們一定想知道，這一個個成就的取得，到底經歷了怎樣的奮鬥？每一位奮鬥者又付出了怎樣的艱苦努力吧？

　　「少年讀中國」這套書的出版，為的就是讓少年朋友們認識一個艱苦奮鬥的中國、一個無懼挑戰的中國、一個正努力實現偉大復興的中國。

　　這裏有跋涉在冰川雪峯，接受各種極端環境考驗，苦行僧似的科學家；

　　有我國第一代核潛艇總設計師在科研攻堅的道路上坎坷而無悔的人生；

　　有 2020 年 7 月發射的火星探測器總設計師的「探月」和「奔火」的故事；

　　有正駕駛着「奮鬥者號」深潛器遨遊在大洋深處的深潛器總設計師；

　　還有正為執行我國第一座空間站飛行任務而努力訓練的英雄航天員團隊……

　　這些為科學進步、社會發展、國家安全和人民幸福而嘔心瀝血，甚至流血犧牲的科學家、發明家和人民英雄，以及他們面臨的挑戰、付出的努力、遭遇的挫折、贏得的勝利、懷抱的夢想，都如此真實而令人感佩，一定會激勵你走向自己人生的正確方向。

　　少年時代，真的是一段十分重要的時光。在邁進 2020 年的門檻之後，少年朋友們，更應當以未來為己任，樹立遠大志向和高遠理想，用積極的、昂揚的、奮鬥的人生態度來面對困境，迎接挑戰。

　　少年強則中國強！

　　少年朋友們，一起努力吧！

目錄

001　鍾揚：雪域高原走來千萬個追夢人

035　徐鳳翔：開創青藏高原生態學的「辛娜卓嘎」

065　長江科學院科考隊：尋找長江源頭冰川的「第一滴水」

089　包起帆：從碼頭工人到三次走上國慶觀禮台

109　管彤賢：讓全世界抬頭仰視「中國製造」

139　極地科學家：在極夜「守候」奇幻極光

185　孫立廣：在極地冰雪中閱讀極地生態史

201　土壤科學家：俯首傾聽青藏高原的喃喃低語

鍾揚：雪域高原走來千萬個追夢人

鍾揚，1964年5月出生於湖南邵陽，生前係復旦大學研究生院院長、生命科學學院教授、博士生導師，中共中央組織部第六、七、八批援藏幹部，教育部長江學者特聘教授，國家傑出青年科學基金獲得者。2017年9月25日不幸因公殉職。2018年，中共中央宣傳部追授他「時代楷模」稱號，和「感動中國2018年度人物」榮譽。2019年9月，鍾揚獲中共中央宣傳部等頒發的「最美奮鬥者」榮譽稱號。

鍾揚，他就是雪域高原上堅韌頑強而又浪漫歡樂的「先鋒物種」，在這亙古高原上默默地播種綠色，編織春天。

上篇：鍾揚播下的種子已發芽生長

拉薩河，發源於念青唐古拉山脈中段北側，兩岸山峯多在海拔 3600 ～ 5500 米之間，堪稱世界上海拔最高的河流之一。它在崇山峻嶺間拐了一道長達五六百公里的巨大的「S」形後，自東向西奔向拉薩。

此刻，站在最高點海拔 5200 多米的納金山向下望去，只見晴空麗日之下，拉薩河河面開闊，一如它藏語的名字「吉曲」，快樂而又舒展。

拉薩河從這兒往西流到曲水縣附近，匯入雅魯藏布江後，河水就掉頭向東，一直流往林芝。

鍾揚老師也爬過這納金山！

一年了！2017 年 9 月 25 日清晨 5 點多，復旦大學研究生院院長、生命科學學院教授鍾揚，在內蒙古鄂托克前旗不幸遭遇車禍辭世。

一年了，鍾揚教授離開了他心愛的雪域高原，離開了他傾情投入的西藏大學，離開了他痴愛的生命科學。如今，他的一屆又一屆的學生在忙着甚麼？他們是不是還在一如既往地採

集種子？鍾揚教授收集的種子，有沒有在他熱愛的雪域高原發芽、成長、開花、結果？

生存環境越惡劣，植物的生命力就越頑強

拉瓊最初聽到鍾揚「出事」的消息時，正在鍾揚的藏大宿舍裏。

那個中午原本陽光燦爛。因為鍾揚和拉瓊事先的一個約定：3 天後，也就是 2017 年 9 月 28 日，鍾揚要回藏大，所以趁着天氣晴好，拉瓊利用午休時間趕去鍾揚的宿舍。

「前幾天，有一撥北京來的學生住在鍾老師的宿舍，剛走。凡是有內地學生來西藏進行植物學野外考察，鍾老師總是說：『住我宿舍。』但也有不自覺的學生，住完了牀單、被套都不洗，甚至連廚房的鍋也不刷，扔那兒就走了。」拉瓊說，「我想去那兒把廚房整理一下，把鍾老師的被子曬一曬。鍾老師特別喜歡新曬過的被子。他對我說過，西藏真好，紫外線強，曬被子不但殺菌，陽光還特別香，晚上蓋着被子都可以聞到太陽的味道！」

可拉瓊剛走進鍾揚宿舍，鍾老師在中國科學院昆明植物

研究所的一個博士後學生的電話進來了：「聽說鍾老師出車禍了，情況不樂觀。」

拉瓊的腦袋好像突然被人從身後猛砸了一記重拳。「這怎麼可能？」他望着屋裏的一切，鍾揚在藏大帶他們野外科考時用的全套裝備還都在這裏：他的帽子、外套、登山鞋。就像主人剛剛從野外歸來，上面還帶着西藏大山裏的塵土草葉，帶着鍾揚的汗漬和體溫。

「我們青藏高原的路這麼難走，這麼多年了鍾老師都沒出過一次事！」這突如其來的「車禍」，讓拉瓊既意外又氣憤。

哪裏的自然環境能比青藏高原更艱苦更惡劣？記得有一次，鍾揚帶隊去野外科考，將車子停在一座山腳下，一隊人下了山溝去採集種子。前後也就一個多小時，等一行人從山溝裏回來，只見車頂已被一塊大石頭不偏不倚地砸癟了，幸虧車內無人。這大石頭是甚麼時候從山上滾下來的，無人知曉，所有的人都暗自慶幸。

2015 年，鍾揚曾有過一次腦溢血。醫生「警告」他：首先，必須戒酒；其二，再也不能進藏。

拉瓊注意到，從那時起，生性豪爽、野外科考時常喝酒禦

寒的鍾揚果然戒酒了。他開始從未有過地認真服用醫生開出的各種藥物，且隨身攜帶。但要他「戒掉」西藏，那是萬萬做不到的。沒多久，鍾揚又出現在西藏大學。

他鄭重其事地對拉瓊說：「我還要在西藏再工作 10 年，你還要再工作 20 年。」這意味着甚麼？鍾揚給拉瓊算過一筆賬：這些年，鍾揚帶領的團隊已經在西藏收集了 4000 多萬顆種子，估計有 1000 多個物種，佔西藏植物物種的五分之一左右。鍾揚所說的「在西藏再工作 10 年」，就是為了將收集種子數再完成五分之一。而他希望拉瓊「再工作 20 年」，是因為「再花 20 年可以把青藏高原的種子收集增加到四分之三」。

拉瓊這才明白，原來鍾揚的戒酒、服藥，都是為了一個目的：「還要在西藏再工作 10 年。」

「你不是說好還要在西藏再工作 10 年的嗎？」拉瓊的心被攥緊了。那天下午，鍾揚遇難的消息很快在藏大、在復旦、在相關微信羣裏傳開了。拉瓊趕緊以最快的速度趕往恩師的遇難地。

一路上，與恩師的交往在他腦海裏一幕幕閃過：2006 年，拉瓊剛從挪威卑爾根大學生物系拿了植物學碩士學位回到

拉薩。第一次見面，鍾揚就提醒他：「回到西藏，千萬別把英語丟了啊。」後來，拉瓊和藏大別的老師一起陪鍾揚上街，鍾揚在一個地攤上心滿意足地挑了一條牛仔褲，才 29 元錢。這讓拉瓊暗自驚訝：從中國最大的經濟城市上海來的復旦大學的大教授，怎麼才穿 29 元一條的褲子？

更讓拉瓊意外的是，鍾揚為了鼓勵藏大理學院的老師申報國家自然科學基金項目，只要理學院的老師提出申報，不管是不是生物專業的，哪怕是物理系、地理系的，他個人都給 2000 元資助。這是藏大從未有過的事。

藏大理科的科研起步較晚，因為藏大在 1985 年之前還是西藏師範大學，最強的學科一直是藏語言文學。過去，藏大主管科研的部門叫「科研科」，是設在教務處下的一個科室。鍾揚援藏來到藏大後，不僅帶頭申請國家自然科學基金重大項目，還給全校老師開講座「怎麼申請國家自然科學基金項目」，希望通過申請國家科研項目來帶動整個藏大的科研風氣。

最初，拉瓊還沒有打定主意讀博士，讀博究竟選擇甚麼研究方向，他一時心裏還沒底。一晃 3 年過去了，鍾揚不能不為拉瓊的猶豫着急。2009 年的一天，鍾揚在拉薩貢嘎機場登機回

上海前，給他打了個電話：「讀博的事，你考慮得怎麼樣了？」
這讓拉瓊下了決心：「人家都是學生主動盯着導師，而鍾揚卻
是大教授主動盯着學生。這麼好的博士生導師要是錯過了，絕
對是終生遺憾！」

　　於是，拉瓊成了鍾揚在復旦大學生命科學學院帶的第二位
藏族博士生。

　　如今就在拉瓊辦公室的書櫥裏，一份西藏大學 2018 年
5 月頒發的聘書上莊重地寫着：「茲聘任拉瓊同志為生態學博
士／碩士學位點點長」，拉瓊教授已經成為藏大理學院第一位
校內博士生導師。

　　「鍾老師經常對我說，青藏高原的生物多樣性可能被嚴重
低估了。當然，以前也可能限於沒有好的交通條件、經費和
研究手段等，所以我們要重新盤點青藏高原的生物多樣性。他
一直要我們聚焦海拔 4000 米以上植物，聚焦極端環境下的生
命生存之道。他說：『生存環境越惡劣，植物的生命力就越頑
強。在青藏高原隆起的過程中，這些植物是怎麼出現的，怎麼
適應的，怎麼變異，又是怎麼進化的，都是太值得研究的重要
科學問題。』」

鍾揚老師在珠穆朗瑪峯腳下科考。　　扎西次仁 攝

「唯一可以告慰鍾老師的，就是在他出事前 4 天，我國教育部、財政部和國家發改委聯合發佈了全國高校『雙一流』建設名單。西藏大學理學院生態學也列入了『世界一流學科建設』名單，這讓鍾老師非常高興，他和我們約好了 28 日來藏大，一起商量這『世界一流學科』今後怎麼建設……」

他不僅是導師，更是我們自家的長輩

劉天猛是鍾揚在藏大帶的第一個博士生。

2011 年，他從雲南大學碩士畢業。鍾老師很在乎他的學生是不是真的喜歡生物學，他鼓勵學生多參加野外考察。就在藏大鍾揚的宿舍裏，劉天猛說起了他考博士的經歷，「在考博面試的時候，我說起曾去香格里拉做野外科考的經歷，鍾老師就很關切地問：『有沒有高山反應？』我說，還好。感覺他的表情比較滿意。直到後來，我成了他的博士生後才知道，鍾老師認為，青藏高原是生物多樣性的寶庫。而要在西藏從事生物多樣性研究，不怕吃苦、願意從事野外科考是必須具備的重要條件。」

他的博士論文是《西藏擬南芥的適應性進化》，擬南芥是

全球植物學家理想中的「模式植物」。世界各地都有植物學家在研究擬南芥，因為擬南芥的基因組是目前已知植物基因組中最小的。全球除了西藏之外的擬南芥全基因組測序都已完成了，而且它是一年生植物，雌雄同株，生長快，代際更替也快。科學家通過對西藏擬南芥的全基因測序，可以和全球低海拔地區生長的擬南芥基因組進行對比：青藏高原擬南芥的生長週期很短，從 5 月到 9 月，它必須全力生長，進入 10 月之後，它和西藏很多植物一樣都不生長了。這裏的晝夜溫差大，中午 20℃，晚上 -10℃，那它為甚麼沒有凍死？鍾老師課題組研究發現，西藏擬南芥已經與世界上低海拔地區的擬南芥分道揚鑣了 10 多萬年，在基因樹上是比較古老的一支，如果能從基因層面把這些抗逆適應性機制研究透了，意義很大。但西藏的野生擬南芥在哪裏？西藏植物志上說它「高 7 ～ 40 厘米」，但當時植物學家為了獲得西藏野生擬南芥的遺傳材料，尋找了多年，卻一直沒有在青藏高原的野外採集到。

怎麼辦？找！為了找到西藏野生擬南芥，鍾揚不但自己找，還發動他的學生也找。

鍾揚在藏大招的第一批碩士生許敏和趙寧，就是藏大最早

找到野生擬南芥的人。

趙寧在藏大生物系本科畢業後，因為過去理學院還不能招碩士研究生，所以最初想去內地高校讀碩，是鍾揚告訴她「理學院的碩士點批下來了」，她才留在了藏大。因為是藏大理學院的首批碩士生，鍾揚就建議他們第一學年到對口援藏的武漢大學去讀。

「鍾老師考慮得太周到了，」趙寧說，「我們到武大兩天後，鍾老師就趕來武漢了。他為我們 9 個研究生每人都落實了實驗室和帶教導師，還帶我們去武大食堂飽餐了一頓，我們很多同學都是第一次吃到武昌魚。他有一句名言，這話我們學生永遠都不會忘記，『學生總是最容易餓的』。他說這話的時候，感覺他不僅是我們的導師，更是我們自家的長輩。那時我們研究生每月補貼才 300 元，鍾老師還給我們每人發了 1000 元，這是他自己掏的錢。」

鍾揚的父母家在武漢，他還讓自己父母從生活上照顧這批藏大研究生。「有一次，爺爺奶奶請我們去吃飯。鍾老師一定特別關照過他倆，所以我們最喜歡的紅燒肉和當地的紅菜苔，爺爺奶奶都特意點了雙份，讓我們吃個夠。」趙寧說。

鍾揚培養的不僅是碩士生、博士生，更是一個個熱愛植物、熱愛自然的人。只要沒課，這些年輕人就會自己坐着長途車去郊外，上山收集植物標本。

2013 年的臘月，許敏和趙寧在拉薩市堆龍區羊達鄉一座海拔 4150 米的山上找到了野生擬南芥。

喜訊傳到復旦，鍾揚非常高興。他讓趙寧把現場拍的相片發過來，再仔細比對。拿到完整的植株後，還進行了染色體驗證，確認無誤後，他將新發現的擬南芥命名為「XZ 生態型」，「XZ」既是許敏和趙寧的姓氏拼音縮寫，又是「西藏」兩字拼音的首字母。

如今，這在西藏發現的擬南芥，已經分享給北京、上海、廣州以及歐美和日本等地的科學家開展相關研究。

趙寧碩士畢業後，鍾揚一直鼓勵她攻讀博士。2017 年 9 月 5 日，已是藏大理學院老師的她，在綜合樓走廊上遇見鍾揚，告訴他，自己主意已定，決定去武大讀博。鍾揚連聲肯定說：「很好很好！」

「鍾老師還約我在網上詳細聊聊專業方向。沒想到，這是我最後一次見鍾老師！」趙寧哽咽着說。

2018 年 8 月，復旦的鍾揚教授基金會和拉瓊聯繫，請他負責推薦幾位在藏大理學院工作、學習的老師和學生作為首批獲獎候選人。有的老師說：「拉瓊你就是最合適的候選人啊！」拉瓊笑笑說：「還是把這榮譽給學生吧。」

科考結果可能激動人心，過程肯定繁瑣枯燥

2018 年 8 月下旬，西藏拉薩周邊連着下了好幾場大雨，造成很多地方出現山體滑坡。還能不能跟隨拉瓊教授去山南的布達拉山進行生物多樣性野外科考？

「不行，不行！我必須對大家的安全負責！」拉瓊教授用斷然的語氣回絕道。

就是上拉薩周圍的山上採集植物，也並非絕對安全。那天，劉天猛、趙寧和明升平收穫滿滿地回校了。

劉天猛指着窗外藏大新校區對面海拔 4600 多米的山，告訴拉瓊教授說：「下午，我們從右邊的山脊下山，剛拐了一個彎，沿小路走了不到 2 分鐘，忽然聽到山頂隆隆作響，扭頭一看，只見好幾塊一兩噸重的大石頭，從山頂砸下來，一路滾過我們剛走過的小路，直到山腳，把幾頭正在吃草的氂牛都驚到

了。」

「你們這麼上山出了事怎麼辦？」這險情讓拉瓊非常擔心，他解釋道，「這是青藏高原的特點，山體在經過前一天整夜雨水的沖刷浸泡後，第二天太陽一曬，熱脹冷縮，很容易發生山體滑坡和滾石這樣的險情。」

三天後，拉瓊教授一行從拉薩市區出發，一路往東。

過了海拔 3900 多米的納金山埡口，停好車，拉瓊一行開始上山。

在植物學家眼裏，漫山遍野的草木都是「寶」。走在最前面的劉天猛和明升平，被長在巖壁石縫中的一簇並不高大的植物吸引住了。「這是聖地紅景天，多年生草本，薔薇目，景天科。」明升平，這位植物學碩士研究生如數家珍地介紹說，「聖地紅景天是藏藥紅景天的一種。」

再往上走，拉瓊指着幾簇黃綠色的植物說：「這就是民間傳說中的『九死還魂草』，蕨類植物。它遭遇乾旱，或者一到冬天，就變黃變枯。但只要雨季來臨，它就復蘇，第二年又發綠了。它的學名是『卷柏』。」

幾朵色彩豔麗的小花吸引了拉瓊的注意，他俯下身觀察

道：「這是翠雀！太美了。你有沒有發現，我們人在高原上特別容易曬黑？這是紫外線照射強烈的緣故。而高山植物花的顏色特別鮮豔，這是因為它們富含花青素。」

鍾揚教授最喜歡那首藏族民歌：「世上多少玲瓏的花兒，出沒於雕樑畫棟；唯有那孤傲的藏波羅花，在高山礫石間綻放。」他們能找到藏波羅花嗎？

拉瓊教授說，可惜啊，藏波羅花的花期已經過了，它是每年的五、六、七月開得最豔。

「你嘗嘗這個，我們管它叫『螃蟹甲』，也是藏藥植物。」拉瓊從一株植物的根部撕下一段，將它放在嘴裏，舌尖上有了一絲甜味。

拉瓊說：「我們小時候沒糖吃，就常挖螃蟹甲的根來嚼，它的甜味特別持久，餘味很足。」

拉瓊又上了一段山坡，他選定一塊較為平整的山坡做「5×5」的標準樣方。劉天猛和明升平用樣線拉出一個 25 平方米的樣方，然後開始統計樣方中有多少種植物。「砂生槐、穗花韭、尼泊爾蓼。」明升平每報一樣植物，劉天猛就確認記錄一種植物。

「木根香青、長葉莎草、亮葉龍膽、黃苞南星、伊朗蒿……」

拉瓊一一確認，最後認定在這個樣方裏，總共生長着28種植物。

他們開始採集植物標本，準備把標本夾帶回藏大。劉天猛先鋪開吸濕紙，將植物標本放好，再蓋上一層吸濕紙。層層疊蓋後，用繩子將標本夾壓實捆緊。「帶回去後，隔兩三天還要換一層吸濕紙，重新壓實，防止因水分太多引起黴變。」劉天猛介紹說。

而明升平則在一個取樣袋裏放入植物的枝葉，再倒入藍色的矽膠。拉瓊說：「這是為了獲取匙葉翼首花的 DNA 樣品，如果不儘快將它乾燥處理的話，擔心它的 DNA 會溶解。我們帶回去後，會請專業公司對它進行基因測序。」

明升平在取樣袋上認真寫下標本的植物名和採集點的地理位置：29° 41′ 14″ N，91° 16′ 3″ E，還有採集點的海拔高度：3930 米。

「按植物多樣性科考的要求，在同一海拔高度，我們要每間隔 50 米以上，重複做 6 個樣方；然後下降 50 米高度，再同

樣做 6 個樣方。以納金山 5200 米的高度，從山頂到山腳，我們總共要做兩三百個樣方，就要花幾十天的時間，才能把納金山的植物多樣性情況基本摸清。」拉瓊說，「你想想，要摸清西藏植物多樣性的家底是個多大的工程，整個西藏有多少座山啊！」

如果誰是第一次參加科考，那他可能會有很多新鮮感；但對做這個科研項目的人來說，雖然科考的結果可能是激動人心的，但每天重複的調查過程，即使沒遇到危險，也肯定是很繁瑣、很枯燥的。

長年奔走在野外而能樂此不疲的人，唯有發自心底的「熱愛」可以解釋。

回到藏大理學院，走過綜合樓，德吉、趙寧等女教師正在排練教師節上的朗誦節目《盛放在高原的藏波羅花 —— 紀念鍾揚老師》：

「您說：『一個基因可以拯救一個國家，一粒種子可以造福萬千蒼生。』我們會團結一致把老師為藏區培養人才、為高原留下科學種子的希望傳播下去。讓您留下的種子替您生長，讓您教過的學生繼續夢想！」

下篇：雪域高原基因寶藏正徐徐打開

「鍾揚老師要是看到我們西藏種質資源庫建設得這麼好，一定高興極了。這是他多少年的心願啊。」西藏高原生物研究所研究員、西藏種質資源庫主任扎西次仁激動地說。

從他辦公室的窗口望去，遠處是念青唐古拉山脈的一支餘脈，巍峨壯麗。雖是初秋，拉薩的陽光畢竟與內地不同，依然保持着一種高海拔特有的純淨和穿透力，將念青唐古拉山脈照耀得異常明豔。

西藏種質資源庫設施完備，功能齊全，讓扎西非常自豪。他說：「本來2017年9月28日鍾老師要來拉薩的，我都和他約好了，請他30日來我們種質資源庫看看，再給我們上一次課，提提意見和建議。我很想讓他看到，我們拉薩也有能力按國際標準來保存我們西藏自己的種質資源了！但誰想到，鍾老師沒能看到我們的種質庫！」

1987年本科畢業於華東師範大學的扎西，是鍾揚老師在復旦大學培養的首位藏族植物學博士。

「我記得鍾揚老師說過，所有能夠在青藏高原這樣高海拔

環境下生長的物種都太不容易、太寶貴了。但其多樣性卻被嚴重低估，也許在全球變化的大背景下青藏高原的有些物種，正在我們不知情的情況下悄悄消失。所以我們一定要趕在它們滅絕之前，把它們找到，建立起我們青藏高原特有的植物『基因庫』，為將來儲備戰略資源！」

「收到鍾老師最後一條短訊：『一切為了孩子！』」

「我和鍾揚老師相識十多年了，他是我的博士生導師，我倆又是同庚，他長我 4 個月，所以我們之間的情誼真可以說既是師生，又是兄弟。」扎西說。

鍾老師說過，考古證實，在沒有人類干擾下，地球上物種滅絕的速度是很緩慢的，平均每 27 年才有一個物種滅絕；但在人類誕生之後，尤其是工業革命以來，植物滅亡的速度大大加快了。今天的植物多樣性正以過去地質時代 1000 倍的速度喪失。2010 年的一項世界調查發現，全球的 38 萬種植物中，有五分之一的物種正面臨滅絕的危險，極危、瀕危和易危物種已佔植物總量的 22%。

「所以，他總是強調，青藏高原的生物資源是國家寶貴的

生物『基因庫』，有將近 6000 個維管束植物物種，其中有 2000 多種是西藏特有的植物。現在我們已經收集了其中的十分之一左右，要爭取再努力 30 年，把全部植物物種都收集起來！」

和鍾揚一起採集種質是扎西最難忘的記憶。扎西的博士論文題目是《西藏巨柏的遺傳多樣性與精細化學成分變異及其保護生物學意義》，為此，鍾揚和扎西花了 3 年多時間，將雅魯藏布江兩岸的 3 萬多棵巨柏一一統計。為了研究其遺傳多樣性，他們採集巨柏的去氧核酸材料時，還要間隔 10 公里到 20 公里，終於第一次摸清了巨柏的家底。

有人說，採集種子這「體力活」不需要博士生導師親自去做啊，一位博士生導師為自己博士生的論文投入這麼巨大的精力，是不是值得？

鍾揚不是為做科學的「苦行僧」而去吃苦。在鍾老師的心目中，這不僅僅是一篇博士論文，而是為了西藏的一個重要的物種，巨柏是列入瀕危的國家一級重點保護植物名錄的樹種，研究和保護它的意義遠大於一篇論文。作為一位對生物多樣性有深入研究的植物學家，鍾老師十分重視生態環境對植物進化的影響，所以他必須去實地觀察和研究植物的生境。

　　藏香有 800 多年的歷史，是藏傳佛教信眾表達虔誠、供奉佛主的神聖方式。製作藏香，巨柏是必不可少的一種原料。在扎西的論文中，第一次運用分子標記手段分析了西藏巨柏居群，發現了其遺傳多樣性最高的居群並提出了對該資源的保育措施改進方案，同時運用氣相色譜——質譜連用技術，對西藏巨柏和西藏柏木的精油化學成分進行分析比較，得出了兩者之間相關化合物非常相似，可以用生長範圍更廣的柏木替代巨柏作為藏香原料的結論。

　　無數次的翻山越嶺、風雨兼程，扎西和鍾揚已情同手足，無話不談，自然也聊起過生死。「有一次，我們談到藏族的喪葬方式，我狡黠地問他：『老師，你如果以後死在西藏的話，怎麼辦？』他說：『我可以天葬嗎？』我說：『當然可以啊！』他毫不猶豫地回答說：『那你就把我天葬吧，我把這權力給你了！』我感覺在鍾老師的心中，生死已經通透，漢藏也融為了一家，沒有任何恐懼！」

　　鍾揚車禍遇難後，扎西第二天就趕到銀川。「我知道鍾老師每年大大小小的法定節假日都是在高原上度過的，我一直認為鍾老師唯一的不足就是對父母盡孝不夠，對家人照顧太少，

可這與我們高原上的人有着千絲萬縷的關係。說實話,當時我很怕見到鍾老師的家人,心底裏有種對不起鍾老師家人的『做賊心虛』的感覺,沒想到鍾老師的妻子張曉豔教授對我說:『鍾揚一直以為他還會有機會的,這次事情是他沒想到的……』鍾老師的父親也說:『鍾揚經常說起你,你是他指導的第一個藏族博士,他很為你驕傲的!』這麼好的家人,我太感動、太感激了!」

扎西的夫人貢嘎卓瑪也非常崇敬鍾揚,她按照藏胞的習俗去拉薩的星算所為鍾老師算了一卦,卦上說鍾揚會轉世成為一名佛像雕刻師。「這是品德高潔之士才會從事的職業。」扎西說。

「為了兌現我對鍾老師的承諾,我向鍾老師的妻子和父親請求帶鍾老師的部分骨灰回拉薩,得到了他們的首肯。我把鍾老師的骨灰背回拉薩的家裏後,按我家人的規格和方式進行了安葬。部分骨灰製成了『嚓嚓』(藏傳佛教中的一種小型脫模泥塑),在一個藏曆吉日安置在拉薩市郊的一個幽靜的寺廟旁邊的山上,部分骨灰在鍾老師『四七二十八天』的祭日,撒入了雅魯藏布江主河道。」

藏族的祭祀方式與漢族多有不同，但以「七七四十九天」為一個祭祀週期卻是一樣的。「我們藏族相信，七七四十九天之後，逝去的親人就轉世了。我和我的家人一直在為鍾老師祈福，我相信恩師轉世的事一定會如期發生，我發願有朝一日能在雪域高原的某地再遇見他。」扎西說。

其實，鍾老師是非常愛家人、愛孩子的，扎西手機上至今仍保留着和鍾揚的微信聊天記錄：「一切為了孩子。」這是鍾揚生前發給扎西的最後一句話。

為祖國每個民族都培養一個植物學博士

2018 年藏大申請國家自然科學基金各類項目獲批 10 項，其中面上項目 3 項，地區科學基金項目 6 項，青年科學基金項目 1 項。面上項目數創造了藏大的新紀錄，說明藏大的自然科學基礎研究上了一個新台階。

藏大科研處副處長平措達吉說：「這 10 個項目中，有 7 個在理學院；而且這 3 個面上項目都是理學院拿的，理學院副院長陳天祿和武大援藏的理學院副院長劉星都分別拿下了一個面上項目和一個地區項目。這和鍾揚老師十多年來一直積極倡導

鍾揚當年的同事和學生站在他曾來
過的納金山上，規劃未來的西藏生
物多樣性調查藍圖。

鄭蔚 攝

科研，通過申報國家自然科學基金項目來培養科研人才是分不開的。」

鍾揚說過，他去西藏不是簡單地從生物學考慮的，而是作為教育者和科學家去的。一個內地援藏的科學家可以在西藏幹幾年？5年？10年？幹得再好他也會回去。怎樣為青藏高原留下一支長駐不走的科研隊伍？必須要創造出一種智力援藏的新模式，就是把西藏當地的科研人才培養出來。現在，他的願望可以說初步實現了。

「我們理學院獲准成立碩士研究生招生點後，第一批考上的都是漢族的學生，因為漢族學生的英語能力比較強，考分肯定排在藏族學生前面。」扎西說，「鍾老師馬上發現了這個問題，他說這樣不行，招生制度要改，一定要讓藏族的學生也能考上研究生。從第二年起，我們招研究生的排名方式就改了，漢族學生一個排名系列，藏族學生一個排名系列，讓藏族學生也有機會能考上研究生。」

但鍾揚又發現，藏族本科生報考研究生的積極性並不高。這是為何？因為很多藏族學生來自農牧區，生活並不富裕；很多家長認為孩子已經大學本科畢業了，文化程度很高了，能找

個好工作就行了。鍾揚就做藏族學生的思想工作，鼓勵他們繼續學習，他說，如果你有 100 元錢，不為未來儲蓄，全部用完了，明天就沒有錢用了；如果你只用 50 元，另 50 元儲蓄起來，就還可以拿利息。讀研究生就是為你未來的人生進行「存款」，只要不斷儲蓄，錢就會越來越多。

同時，他還積極向藏族學生宣傳西藏自治區政府出台的政策：每個藏族學生讀研究生由自治區財政每月補貼 500 元。

不僅如此，鍾揚還一直在藏大的青年教師和學生中發掘人才。2007 年，德吉從浙江大學碩士畢業回到西藏，在藏大理學院當教師。2011 年認識鍾揚教授時，她的丈夫在部隊工作，兒子馬上要上幼稚園，所以一時沒有下決心讀博士。是扎西和拉瓊兩位老師向鍾揚推薦了德吉，鍾揚馬上找德吉談話，建議德吉考慮到復旦大學去讀博士。在鍾揚的鼓勵和家人的支持下，德吉成為鍾揚培養的第 3 個藏族植物學博士，也是鍾揚老師培養的第一個藏族女博士。

「要不是鍾老師的鼓勵，我之前真的下不了去復旦讀博士的決心。鍾老師希望我們把科研的關注點集中在青藏高原植物在極端環境的適應機制上。麻黃在西藏分佈廣泛，也是乾旱區

系植物，其中山嶺麻黃分佈在海拔 5200 米，藏麻黃是西藏特有的植物。麻黃又是重要的中藥資源，為了資源保護與開發利用，以及研究麻黃對高海拔的適應機制，所以我的博士論文選擇做《山嶺麻黃和藏麻黃的遺傳多樣性與轉錄組研究》。」德吉說。

德吉在科研上成就卓越，已經成為理學院做藏藥研究的第一人。在西藏自治區科技廳公佈的 2018 年自治區科技計劃立項項目中，德吉主持的《藏藥「五味甘露」藥效物質基礎研究與資料庫建設》獲批為自治區科技計劃重大專項。

「藏藥過去一直存在屬、種不分的問題，屬、種混用很常見，我希望通過運用 DNA 條碼技術，能建立起一個藏藥資源庫。」德吉說。

平措達吉滿懷深情地說：「鍾揚老師的付出得到了回報。」

鍾揚說過：「我有一個夢想，為祖國每一個民族都培養一個植物學博士。」因為他深知，少數民族地區條件比較艱苦，高端人才尤其緊缺。只有培養出少數民族的人才，他們學成後回到家鄉，才留得下、用得上、靠得住，能長久地在少數民族地區發揮作用。他相信，每個學生都是一顆寶貴的種子，全心

全意澆灌就會開出希望之花。

在復旦任教 17 年、援藏 16 年，他培養了 100 多位研究生和博士後，其中有藏族的、回族的、哈薩克族的。他培養的少數民族學生已經遍佈西藏、新疆、青海、甘肅、寧夏、雲南和內蒙古等地。

「未來將成為我國最重要種質資源庫之一」

目前，全世界已建成 1700 多座種子（質）庫。

說起在拉薩的西藏種質資源庫，西藏自治區科技廳副廳長鍾國強頗為自豪：「我們的種質資源庫是自治區投資 5000 多萬元興建的，其儲存的生物種質資源是青藏高原及其鄰近地區野生生物、農作物和家畜種質資源。這些生物資源是在不同生態條件下，經過上千萬年的自然演變而形成的，蘊藏着各種潛在可利用基因，是國家的寶貴財富。把這些寶貴的資源收集起來作為戰略資源妥善保存，以備子孫後代利用，是我國作為一個負責任的大國履行『生物多樣性公約』的重要舉措。」

種質資源庫下設有 6 個分庫：植物種質資源、植物離體種質資源、脊椎動物、昆蟲、菌物類和 DNA 分庫。自治區還將

投資 1300 多萬元，建設一個 7 畝的智能連體溫室，目前溫室的主體工程已經完工並通過驗收。到目前為止，種質資源庫貯存的種質數量已達 3400 多份，大部分屬於我國特有的物種或農作物品種，其中稀有、珍稀和野生植物約佔 5%。

種質資源庫一樓，總共有 6 個冷庫，常年溫度控制在 -20℃，還有種子生理實驗室。二樓，是組織培養和動物標本室、顯微影像室、植物標本室和人工氣候室等。三樓，是與微生物相關的實驗室、昆蟲標本室、植物組織培養室等。四樓，有分子實驗室、DNA 提取室、超離心室、資訊中心等。

一樓的冷庫有兩道門。打開冷庫的第一道門，只見裏面共有 4 間冷庫。一間冷庫門口的溫控計上顯示庫內的溫度為 -19.9℃，扎西打開第二道冷庫門走了進去，剛進冷庫就感到寒氣逼人。只見裏面一排一排的種子架上，存放着一個又一個裝滿種子的貯存瓶。整個種質資源庫，可以保存 36000 多份這樣的種子。

冷庫常年的溫度控制在 -20℃，濕度為 15%，這是國際通行的種質資源庫的保存標準。「種子的壽命，受它的環境溫度和濕度的影響很大。溫度會影響種子的新陳代謝的速率，溫度

升高，種子細胞的代謝水平隨之增高，細胞老化的速度就加快。種子因為具有吸濕性，它會從空氣中吸收水分，從而導致自身含水量的升高，代謝也會加速，所以必須通過控制種子的環境溫度和濕度來延長其壽命。科學實驗證明，在 0℃ 至 50℃ 範圍內，每降低 5℃，種子的壽命就可延長一倍；種子的含水量在 5% ～ 14% 範圍內，每降低 1%，種子的壽命也可延長一倍。」扎西說。

西藏種質資源庫目前採用的標準，是已知的保存種質的最佳溫度和濕度，它和中國科學院在昆明的中國西南野生生物種質資源庫，以及英國「千年種子庫」的標準基本是一樣的。但在這樣的條件下種質究竟能保存多少年？是 500 年，還是 1000 年、10000 年？人類還沒有證實過，而且不同的種子也是不同的。也許，將來科學家還會發現更好的貯存方式。

在二樓的動植物標本處理室，研究員央金卓嘎和技術員歐珠旺姆等正在進行最初的清理，採集回來的植株有巨柏、楔葉委陵菜、蕚杜鵑、須彌大黃、叉枝蓼等數百種。

央金卓嘎和歐珠旺姆都是非常細心的人。這是因為種子保存有 8 個環節，要求非常嚴格：第 1 關，初步清理之後，還要

通過風選機選出最飽滿健康的種子才有資格保存，它會得到一個種子庫的序列號；第 2 關，送進種子乾燥間進行初次乾燥；第 3 關，要再次清理，將種子外面的果皮和殘渣去除，成為一顆顆乾淨的種子；第 4 關，為確保種子的品質最優，要通過 X 射線檢測；第 5 關，計數和稱重，以保證種子必須具備一定的數量等級，通常一個物種需要 5000 顆種子；第 6 關，再次乾燥，因為如果種子水分太多，在 −20℃的低溫下，水分形成的冰晶會破壞種子的細胞；第 7 關，包裝，將種子裝入耐低溫的玻璃密封瓶中，貼上標籤；第 8 關，送進 −20℃的冷庫進行保存。

種子是不是放進冷庫就萬事大吉了？非也。種子庫裏的種子還要定期進行發芽率的監測，一旦種子的發芽率低於 20%，就要補充採集，這是種子庫的「動態管理」。

讓已經休眠的種子重新發芽也不容易。先要將種子浸泡 24 小時，然後將它放在濾紙上讓它發芽。不同的種子休眠期長短也不同，青稞、西藏油菜等農作物的休眠期很短，只有幾天；而野生植物的休眠期很長，如西藏特有的大花黃牡丹甚至要 9 個月。我們還可將種子分組放進人工氣候箱，觀察不同溫度、

濕度和光照條件下種子的發芽情況。

西藏種質資源庫計劃在未來的 5 年裏，要使採集與保存的種質資源單元達到 31450 個（每個物種最多採集 10 個居羣），涉及維管植物、菌類、脊椎動物和昆蟲等生物類羣，共計 3145 種，預計投入的經費將達 3900 多萬元。未來的目標，是將它建成我國最重要的種質資源庫之一。

雖然西藏種質資源庫還剛剛起步，但這裏保存的每一個西藏的種質，都對藏區的人民、對我們的國家，乃至對人類的未來有着重要的、不可估量的價值。

這雖然只是剛剛邁出的一小步，但就像荒漠礫石間最早出現的「先鋒物種」，儘管只有一點點綠色，但它是生命的使者，是綠色的先鋒，是打開基因寶藏的前奏序曲；無論還要經歷多少風霜雨雪，這裏終將盛開雪蓮，將覆蓋灌叢；無疑，還將生長出一棵棵巨柏一般的參天大樹。

北京西郊的靈山，海拔高度為 2303 米，有着「北京第一高峯」之稱。靈山松柏疊翠，林壑優美，門頭溝區就坐落於靈山腳下。

在離門頭溝區影劇院不遠處的一條僻靜小街上，有個普普通通的老住宅區，裏面住着一位曾被藏民親切地稱為「辛娜卓嘎」[①] 的耄耋老人，她就是西藏農牧學院高原生態研究所創建人、首任所長徐鳳翔教授。40 年前，她開創了青藏高原生態領域的研究。

---

① 藏語，森林女神。

　　暖暖的秋陽透過窗戶，灑在她滿頭銀髮上。2019 年國慶長假已過，每天凌晨，年屆米壽的徐鳳翔會展開紙筆開始一天的寫作。是年 5 月剛出版了《綠野行蹤 —— 林海高原六十載》的她，要在新書《曉風‧明月‧親情》中寫下她人生感悟的情懷，對西藏高原生態領域四十載的研究，自然是新書講述的重點。

　　她還要寫下和作家黃宗英延續至今的友情。她倆相識於 1979 年在四川成都舉行的四川省科技大會。前一年，鄧小平在北京的全國科技大會上石破天驚地宣佈「知識分子是工人階級的一部分」，強調「科學技術是生產力」，從而為中國科學事業開啟了「科學的春天」，徐鳳翔有久旱遇甘霖之感。

　　如果沒有那個「科學的春天」，徐鳳翔、黃宗英和千千萬萬個中國知識分子後來的人生走向就會完全不一樣，自然也不會有黃宗英的長篇報告文學《小木屋》。如今，這跨越藏漢兩地、科學與文學的「握手」，已逾春秋四十載。

　　「這裏就是我人生的第四座『小木屋』，」徐鳳翔這位當年長篇報告文學《小木屋》的女主人公笑着說，「它名為『辛娜小木屋之友』。」

詩化的理想，開啟「第一度青春」

徐鳳翔將她 1977 年援藏之前的人生，稱為「第一度青春」。這「第一度青春」的跨度超乎想像，有整整 46 年：自 1931 年徐鳳翔出生至 1977 年。

她出生那年，「九·一八」事變爆發；她 7 歲時，盧溝炮響，中華民族到了最危急的關頭。她的幼年，就是在中華民族內憂外患一日重於一日的動蕩艱難中度過的。雖然那時候，她還不可能懂「國難家仇」的道理，但跟隨着父母顛沛流離地逃難，這經歷還是在她幼小的心靈中刻下了兵荒馬亂的大時代印跡。

也許是為了給所有苦難中的小生命成長的勇氣，再艱辛困厄的童年生活裏也總有大人想不到的快樂。徐鳳翔至今記得，童年的她，隨父母從江蘇丹陽逃難到江蘇北部的一戶農家，房東家有個叫「蓮子姐」的十多歲的女孩，很喜歡她。有一次，蓮子姐將她托舉上有 2 米高的麥秸堆，開始時她緊張得匍匐其上，不敢動彈，而一股麥秸的清香混合着陽光的暖意撲面而來，沁人心脾，這來自大自然的濃濃香味從此留駐在她的嗅

覺神經系統裏。稍後她翻身坐起，發現自己的視線竟然可以跨過農家的屋頂，看到田野的盡頭，她的視野第一次前所未有地「開闊」了。後來，她索性仰面朝天地躺在麥秸堆上，於是，藍藍的天空和白白的雲朵將她籠罩起來，小鳥啁啾地劃過天際。

「這一刻，在我的基因裏注入了對高天厚土、對大自然的親近感、融入感。那高高的麥秸堆，彷彿成了我一生朝拜大自然的神聖的金色的『蒲團墊』。」徐鳳翔後來回憶說。

徐鳳翔青春的腳步幾乎與勝利同步。1949 年，她高中畢業。「參軍提幹」，這是當年很多熱血青年的選擇，時代的大潮自然也拍打着她年輕的心。但因父親積勞成疾，突然中風臥牀，她不得不在家照料父親。在這寂寞而又失落的日子裏，她常抽空去新華書店讀書。

有一天，一冊新創刊的《中國林業》雜誌吸引了她的目光，首篇就是當時中央人民政府林墾部部長梁希教授的文章。時隔 70 年，她依然記得梁希教授用詩化的語言寫下林業工作者的宏大志向：「……讓黃河流碧水，教赤地變青山，把河山裝成錦繡，把大地繪成丹青，新中國的林人同時也是新中國的

藝人⋯⋯」徐鳳翔年輕的心瞬時被點燃了。「要不是梁希教授的詩化語言，我本來打算去讀文學專業的。正是他的話，召喚了我投身科學，並報考了南京大學森林系。」

1955 年夏秋之際，徐鳳翔本科畢業，正逢南京大學農、林系分別單獨建院，新成立的南京林學院選址玄武湖後的鎖金村。那時的大學畢業生，畢業後去甚麼單位工作是由國家統一分配的，原本期盼着分配到深山密林、遙遠邊疆的徐鳳翔，意外地留校任教，成為了南京林學院的一名助教。

徐鳳翔在南林的 20 多年裏，主教、主攻的是森林生態學。她因此將南林稱為「林家大院」，是南林為她打開了森林生態學的大門，而她一旦踏入其間便全身心地投入。從 1955年至 1977 年她赴藏前的 20 多年裏，她帶領學生走遍了我國華東、華南、東北和西南（除西藏外）雲貴川地區的主要林區。林海的壯美浩瀚，深深打動了她。

1977 年，南林接到援藏任務，在人到中年的徐鳳翔看來，「真是天降此任於我」。早在 1959 年，她在我國滇北地區考察時，就意識到川西、滇北和藏東南在地域和植被類型上的一體性，可謂神往久矣，於是堅持要去援藏。

墨脫的藤橋上，走來了林業科學家徐鳳翔。

徐鳳翔 供圖

　　那時的援藏，純粹得完全不和任何個人的名利得失、仕途進退掛鈎。學校問徐鳳翔有甚麼困難，她說「沒有」；學校問她有甚麼「要求」，她還是說「沒有」。臨出發前，學校主動提出，援藏期間工資照舊，一次性地補助 200 元。那時，一個大學畢業生參加工作的月薪是 58 元，200 元不算個小數目。但在徐鳳翔的話語體系裏，「補助」的前提是「生活困難」，她認為自己是去援藏，而不是因為生活困難去申請補助，因此就連這 200 元也謝絕了。

　　誰都會問，近半百之年，要去援藏，家人會支持嗎？徐鳳翔至今保存着她和夫君范自強先生互贈的情詩，這是他倆特有的夫妻情感交流方式。徐鳳翔作的一首七絕是：

任重道遠赴邊疆，夕照征途鞍馬忙。

毋需返顧江東岸，留得餘暉育棟樑。

范先生也和詩相送：

別時容易見不難，春風又度玉門關。

他年再登江南岸，神州綠意展笑顏。

互贈情詩，唱和詠志，這樣的夫妻於今已不多見了吧。

「小木屋」，打動了從未見過西藏的女作家

回顧自己的人生道路，徐鳳翔說：「我的一生，從年近半百開始，似乎方算真正進入人生和事業的轉折、通向科學聖殿的大道，即攀上西藏高原，走進林海深處。」

赴藏的行程，徐鳳翔視為「攀登天梯」的過程。按常規的行程，她可以從南京乘飛機到拉薩，再由海拔 3700 米的拉薩坐長途車沿雅魯藏布江東去海拔 3100 米的林芝，既方便又快捷。而徐鳳翔偏不，她選擇的是先去成都，走川藏線進藏。

她的理由是：成都平原海拔 500 米，氣候屬中 – 南亞熱帶，從我國地形三級階梯的第一級出發，翻過橫斷山脈，攀登第二級階梯，穿越金沙江、瀾滄江和怒江，再上第三級階梯，整個行程就是科考的過程，可感受認知山川地貌林區物種的種種變化。

但這路程自然也險峻了許多，要知道那時候中國大陸還沒有一條高速公路，更不用說翻山越嶺的川藏線了。進入西藏的最後一段「天梯」，就是人稱「怒江山九十九道拐」了，那裏植被稀疏，車道在荒山野嶺上呈「之」字形的回頭彎，再喜歡說

笑的司機每每行車至此，都會立即屏息凝神，一言不發，因為此處就是「一失足成千古恨」的最好詮釋。

走了20多天，徐鳳翔才到林芝。她沒有想到，沒多久，她就成了上海著名作家黃宗英報告文學《小木屋》裏的女主人公。她和黃宗英的初識，是在成都科技大會的會場。黃宗英在《小木屋》裏寫道：

生態平衡會議日程進入大會發言，我進入會場時，又晚了。我悄悄溜邊進去找座位，一位女同志挪了挪身子，我坐到了她旁邊。

她沒答理我，還是盯着發言人，繼續記她的筆記。直到發言者在掌聲中下台，她才從活頁本上小心地取下前幾頁，遞給我，也才順便地瞄了我一眼，好銳利的目光，是譴責我不守時刻吧。職業的敏感使我猜測她是個老師，並常用這樣的目光對待學生。幸而她旋又微微一笑，隨即轉過頭去。

我瞄着她手中紙上娟秀的字體和簡明的摘記；並同時以我的廣角視線，從頭到腳打量着她：短短的頭髮、纖弱甚至嬌小的身軀，一身學生式的打扮，倒也和她的中年的年紀相配。尤其那雙眼睛，眼睛！無論剛剛從正面，還是此刻

從側面看：怎麼形容呢？美麗？不恰當。剛毅？不適合。明銳？不確切。總之，這是一雙值得拍攝大特寫的眼睛。我們的銀幕上，需要這樣的眼睛——蘊蓄着知識者的專注的內在的堅定。

「現在請南京林學院援藏教師、西藏農牧學院徐鳳翔同志發言。」

徐鳳翔像所有慣常上課的老師一樣，從容走上台去，條理與口齒都很清楚地講開了。

她先是概述森林與人類發展之關係⋯⋯接着，她又講到全世界應該在哪幾處建立高山生態定位站，西藏東南是一處。然後，她對「生態平衡」一詞提出異議，她說：「符合自然界演替規律與人類社會需要的生態關係是協調關係，我建議以『生態協調』，代替『生態平衡』。」

她建議在藏東南建一座「定位站」，定點觀測、分析生態環境和森林，以及林區農、牧業之間協調的關係，為林區生產綜合佈局和技術措施提供理論依據。她說哪裏哪裏的森林，是祖國的珍寶，是國內外資料上迄今還未查到有如此高的森林蓄積量⋯⋯鈴聲再度響了！徐鳳翔漲紅了臉執拗地

說下去：「我要求有關領導、有關方面鄭重考慮建站。可以因陋就簡，先蓋一座小木屋。我願長期參加這一工作，把自己的一切，獻給西藏的森林！」鈴聲大作！在禮貌和同情的寥落的掌聲中，在讚許和睥睨的翳翳的目光中，在透了口氣而不一定含惡意的笑聲中，她抿了抿嘴唇，矜持莊重地走下台來。是的，聽煩了「豪言壯語」的學者對所有的宏圖大志都持審慎態度。科學重在實踐，不過，幻想是科學的先行。我特意站了起來給她讓座，向她索取發言提綱。可是，她把頭埋了下去。我懂，這節骨眼上，別碰她，別碰她……

雖然，這還只是她倆半生友誼的萌芽，「小木屋」三個字便已如同鑽石一般鑲嵌其中。

徐鳳翔說，當年，有個發達國家向我國國務院一位領導人提出，要在西藏建科學定位站，被我國領導人婉拒。這讓徐鳳翔深受刺激：偌大個西藏，至今一個科學定位站也沒有，還差點讓外國科學家搶先來建了。我們自己怎麼就不能呢？

真正的友情到來，有時讓人猝不及防。那是 1982 年 10 月 3 日，黃宗英作為中國作家協會赴藏參觀訪問團的一員，按預定行程次日就將踏上歸途，卻在旅舍裏意外遇見了徐鳳翔，聽

說她正要帶着一批「搞林的」去藏東南的林區科考，當即決定跟着徐鳳翔去林區。

　　黃宗英不顧幾乎所有人的反對，簡直是「悍然」宣佈「退團」，還把幾個月內再也買不到的機票毫不稀罕地退了。那年頭，國內的民航還只有「中國民航」這一家，中國東方航空、上海航空等商業性的航空公司還沒有成立，任何一張進、出西藏的機票都極為珍貴。而年近花甲的她，如荊軻刺秦王一般決絕地直奔藏東南大山去也。

　　「我清晰地記得，在西藏波密崗鄉的那座帳篷中，徐鳳翔第一次和我談起她的夢。她說：她要在藏東南建立小小的木屋——高原生態定位觀測站。我陶醉在她的計劃中，我覺得，她的夢已經變成我倆共同的夢了。」30 多年後，黃宗英回憶說。

　　這是一個量子和另一個量子之間的吸引纏繞，還是一顆小行星和另一顆小行星的華麗碰撞？總之，兩人思想碰撞後綻放出的絢爛光芒，如同隕石羣劃過夜空變成了流星雨，璀璨壯麗。

蜱蟲和黑蘑菇湯：「共命運」的科考

在森林研究中，為測量林木的蓄積量，必須選取不同徑階的樹木作為研究樣本，這些樣本又稱「解析木」。把解析木砍倒後，再要分成若干段進行分析，測定其生長過程，此方法稱為「樹幹解析」。「在山裏伐木是很危險的，我們不讓黃宗英去伐木現場，但黃大姐硬逼着我帶她去看我們工作的林分。一路過溝爬坡，當她來到密林深處，擁抱着大樹，激動地說，我醉了！」徐鳳翔回憶說。

好在除了報告文學，黃宗英做烙餅、饅頭、麵條，也是一流的手藝。每天早晨徐鳳翔雄起起、氣昂昂地率隊進山，黃宗英就坐鎮「中軍帳」，讓徐鳳翔他們傍晚回營時就能聞到飯菜的香味。

徐鳳翔至今還記得她倆在科考隊「同甘共苦」的趣事：有一天早晨，一向反對別人抽煙的她，竟然主動問起黃宗英：「你抽煙嗎？」原來，一隻蜱蟲叮了徐鳳翔一晚上。「你怎麼不弄掉呢？」黃宗英有些奇怪。「弄不掉！不能硬拔，最好用煙頭燙。」黃宗英更奇怪了：「那你昨晚上怎不叫我燙？」徐鳳翔

答：「我看你累了。」厚道的徐鳳翔不忍心叫醒她的黃大姐，再說一隻蜱蟲也算不了甚麼，在墨脫的密林裏，有一天她身上曾爬上了400多條旱螞蟥，這要是發生在今天別的人身上還不當場崩潰，立馬逃出森林了？

黃宗英有生以來第一次看到了蜱蟲的尊容：牠有綠豆般大，頭扎在徐鳳翔的肩上，只有屁股翹在外面。在徐鳳翔的催促和指點下，黃宗英壯着膽，先用手指將牠彈暈，再用煙頭燙牠的屁股，終於將牠拔了出來，當場為民除去一害。

蜱蟲只能用煙頭燙了以後才能往外拔，這是徐鳳翔從藏民那裏學來的經驗。蜱蟲實際上不是昆蟲，牠有8隻腳，所以蜱蟲雖小「輩分」卻不低。這是個貪婪到死也不鬆口的「貪蟲」，被牠咬上後，人唯一的辦法就是用火燙牠尾部，牠才會忍不住鬆口，退出人體。否則，即使將牠掐死，牠也不鬆口，頭部和口器仍將留在人的皮膚層裏，必須要去醫院開刀才能取出。

徐鳳翔說：「我只有在這一點上，才不反對黃大姐抽煙。」

她和她，不僅文理兩科，而且性格迥異：黃宗英有着作家的海闊天空，敢愛敢恨，她認準的事執着到了「執拗」的程度，但有時又不拘小節；而徐鳳翔雖有「文青」情懷，但林學

家和生態學家的專業養成，讓她思維嚴謹縝密，只認「死理」，事業上精益求精，而日常生活能力又堪稱「匱乏」。同為江南女子，黃宗英打得一手好毛線，而徐鳳翔只有伸出兩手幫她繞毛線的本事。

秉性和經歷如此迥異的兩位女性竟然走到了一起，還住進了同一個科考隊的帳篷。

別以為在科考隊的營地做飯就遠離危險了。有一天晚上，經過科考隊裏林學家的「鑒定」放行，黃宗英用幾隻並不起眼的黑蘑菇燉出了一鍋味道鮮美無比的靚湯，眾人讚不絕口，一搶而盡。誰料想，一個時辰之後，全隊人開始上吐下瀉，盡數中毒躺倒。直到第二天上午，徐鳳翔、黃宗英被陽光喚醒，再次聽見林子裏傳來唧唧喳喳的鳥鳴，才確信自己「還活着」，劫難已經過去。

所有的人都為黃宗英「自討苦吃」的林中歷險捏一把汗，「您這把年紀這麼冒險還值得嗎？」這種理直氣壯的質疑，對她來說毫無意義。因為徐鳳翔在那裏，因為藏東南的密林在那裏，她黃宗英理所當然地也應該在那裏。黃宗英早就宣佈過自己的創作理念：「必須要與人物共命運」。

黃宗英（左）和徐鳳翔40多年前在西藏林芝科考營地。

徐鳳翔 供圖

既然「共命運」，就是共享所有的喜怒哀樂，自然也包括共飲一鍋鮮美無比卻又險些「奪命」的蘑菇湯啊！

「徐教授，你真不像個教授」

徐鳳翔究竟為甚麼要呼籲建立「小木屋」？也就是森林生態環境定位站為甚麼這麼重要？

她說：「首先是森林生態系統太重要了。森林生態系統是地球陸地上最大的生態系統。與陸地其他生態系統相比，森林生態系統有着最複雜的組成、最完整的結構，能量轉換和物質循環最旺盛，因而生物生產力最高，生態效應最強。森林生態系統一旦遭受破壞，就會引起一系列環境問題，如水土流失、土壤沙化、溫室效應加劇、生物多樣性銳減等。其次，建立以森林生態科學定位站為代表的森林生態監測系統，能持續地記錄下水土氣生等各種環境監測指標，有利於保障森林生態環境的安全，有利於發現和了解生態系統演變規律，不僅對基礎研究有重要意義，也為國家戰略宏觀決策提供科學依據。」

黃宗英的長篇報告文學《小木屋》寫就後，交給上海《文匯

月刊》編輯委員兼《文匯電影時報》副主編余之，很快得到《文匯月刊》責任編輯羅達成和主編梅朵的激賞。1983 年 5 月，《小木屋》在《文匯月刊》頭條位置刊發，並獲 1983～1984 年全國優秀報告文學一等獎。

「小木屋」引起了全國性的關注。次年 5 月，黃宗英又帶着中央電視台中國電視劇製作中心的攝製組二進西藏，在波密的原始森林裏記錄下徐鳳翔們的科考生涯。電視紀錄片《小木屋》的導演蔣曉松因此在第 28 屆紐約國際電影節上獲得了電視導演獎。

「小木屋」的渴望和呼籲，已蜚聲海內外，但「小木屋」仍在紙上，尚未在西藏的大森林裏安家落戶。

徐鳳翔並沒有泄氣，為此她專程趕到北京，向國家科學技術委員會匯報開展高原生態研究的意義。國家科學技術委員會童大林主任非常支持她請調西藏、創建高原生態研究領域的申請和設想。

1985 年，年已 54 歲的徐鳳翔正式調入西藏農牧學院，於是她着手創建西藏高原生態研究所。

西藏自治區政府批准了西藏農牧學院申請建所的報文，並

任命徐鳳翔為首任所長。

建所的批文有了，但資金尚未落實。為此，徐鳳翔連續3天等在自治區副主席拉巴平措的家門口，終於見到了百忙中的他。拉巴平措也為徐鳳翔的執着所感動，他握着徐鳳翔的手說：「感謝徐老師如此執着地為我們西藏辛勞。」雖然當時自治區的各項資金都很緊張，但他還是給西藏高原生態研究所特批了60萬元。

這1985年的60萬元，為雪峯高聳、暗針葉林環抱的尼洋河畔平添了一座2600平方米的科研小樓，觀測站、苗圃和宿舍俱全。徐鳳翔心中的「小木屋」終於成真。

夢想成真，這對徐鳳翔來說還只是「青藏高原生態夢」的一個開始。

上世紀80年代，除了中國科學院的幾個專家團隊外，外界對藏東南的墨脫仍知之甚少。

墨脫位於喜馬拉雅山東段南坡，雅魯藏布江出水口的地段，印度洋的暖濕氣流由此長驅北上，發育着世人難以想像的熱帶雨林，因為一直沒有通公路，所以是世所公認的「極美、極豐、極難、極險」之地。

　　1986 年，應徐鳳翔的請求，林芝軍分區慷慨地批准她搭乘「黑鷹」直升機前往墨脫，進行一次空中考察。當直升機飛臨雅魯藏布江和多雄河交匯之處時，她激動地拉開機窗，準備航拍，不料一陣濃霧湧進來，不僅鏡頭一片模糊，而且強風似乎要將相機吸出窗外，幸虧相機的背帶掛在她脖子上，被徐鳳翔使勁拽回。

　　林芝軍分區為何如此支持徐鳳翔？

　　因為她投身青藏高原的森林、生態研究，已經感動了當地軍民。在波密崗鄉林區，只要向藏民打聽徐鳳翔的蹤跡，他們就會指着科考隊的營地說：「辛娜卓嘎！辛娜卓嘎！」

　　徐鳳翔曾連續 7 年進入藏東南波密崗鄉林區進行考察，測得高蓄積量的林芝雲杉林 1 公頃的蓄積量高達 3813 立方米。如此高的蓄積量，國內屈指可數。

　　她說：「波密崗鄉的這片天然林，特別高大（主林層平均高 65.1 米，平均胸徑 114 厘米）、高壽（主林層平均年齡為 250年），而且林分的垂直層次完整，共有 7 層：林木層、更新層、灌木層、草本層、苔蘚層、藤本層、凋落物層。尤其是苔蘚層和藤本層發育充分，有着溫性雨林的特徵。當然我要強

調，3813 立方米／公頃，這是我們實測一公頃的蓄積量，並不是每公頃的蓄積量。」

樹木解析，可以說是林業科學家的「常規工作」。它的特點是既粗又細，首道工序伐木還很危險。伐木的要求，並不是把樹砍倒就行了，而是有嚴格的作業規範，樹鋸倒以後，留在地上的樹根叫「林盤」，也叫「零號盤」。林盤是整棵大樹年輪的「基數」，如林盤上有 258 圈年輪，說明這棵樹生長了 258 年。因此林盤的取樣，是位置越低越準確。

距離「零號盤」上方 1.3 米的地方，大約成年人的胸部位置，再取「1 號盤」，這就是通常所說的一棵樹的「胸徑」。如果說一棵樹「胸徑 120 厘米」，就是說這棵樹高度為 1.3 米處的直徑是 120 厘米。1 號盤如只有 238 圈年輪了，那就說明這棵樹花 20 年時間才長了 1.3 米高。

1 號盤以上，每隔 3 米為一段，在每段的中間點再鋸一個「圓盤」。每個圓盤有 7～8 厘米厚，圓盤是要背出林子帶回來做研究的。通常「零號盤」的年輪就在林區現場數完，「1 號盤」及以上的圓盤，就是科考隊夜間晚飯後的「內業」。4 個人一起數年輪，先從樹心往外數，每隔 5 年插一根大頭

針；然後再由外往裏數，兩者數目必須一致，才證明準確無誤。除了樹幹，科考隊還要做根系的全量採選，就連根系層的土也要帶回稱重，等等，所以林業科學家非常辛苦。

在林芝察隅，駐軍的一位師長一邊和徐鳳翔握手，一邊「批評」道：「徐教授，你真不像個教授。」聽說她要進林子考察，師長立即派了幾名戰士一步不離地陪同，怕她發生甚麼意外。

經過這次空中考察，徐鳳翔更堅定了要再次考察墨脫林區的決心。

上一次考察還是 1983 年 6 月下旬，徐鳳翔帶着昌都林業局的 3 名年輕人首闖墨脫。4 個人僅有 1 頂雙人小帳篷，他們每晚像沙甸魚一樣和衣而睡，但行程的艱辛早已為科考的發現和快樂所抵消。

熱帶雨林的物種多樣性讓徐鳳翔陶醉其中，這裏有常綠闊葉林中的榕樹以及殼斗科的栲、楣等巨樹，綠蔭蔽日，就連蕨草都有 2 米高！

「我見到了一科一屬一種的老虎鬚，以它特有的長鬚和不對稱花冠，展示出它生長的特異和對生境的特殊要求。」徐鳳

翔至今記得。

但十多天的長途跋涉還是讓她體力嚴重透支了。在抵達墨脫縣城後，徐鳳翔突然昏了過去，眾人急忙將她送到縣醫院，但當時的縣醫院條件極為有限，只有一座木板房和 3 位門巴族護士。一量她的體溫，連護士都嚇壞了：41.5℃！他們趕緊向駐軍求助，獨立營的周軍醫聞訊趕來，診斷結果為無規律的惡性瘧疾。

多日高燒，令徐鳳翔昏迷不醒，周軍醫傾其所有，將部隊衛生所裏所有能用的藥都給她用上了。結果不是藥到病除，而是藥「盡」病除。當衛生所裏所能用的最後幾顆藥給徐鳳翔服下後，她奇跡般地退燒了，清醒了過來。

「您是惡性瘧疾患者中，第一個活着離開墨脫的。」周軍醫送她出院時祝賀她說。

告別墨脫時，正好縣裏要派一匹馬外出，就讓她騎着馬出山。途中也是險情不斷，在泥濘中跋涉時，路上突然遇見有倒斃的馬屍，也許是同類相憐，徐鳳翔的坐騎頓時受驚直立，差點將她掀下馬去。在林中穿行時，倒伏的枝幹又差點將她掃下馬來，幸被她雜技高手一般地仰身躲過。

儘管僥倖得以生還，徐鳳翔依然鐵下心要三進墨脫。

這一心願在 5 年後終於實現了。

1991 年，徐鳳翔再次率隊進入墨脫科考。

她回憶說：「山地暖溫帶鐵杉林，巨木森森，如山神的殿堂，有置身偉岸宏柱之感；而海拔愈下，物種之多樣與蓊鬱，令人驚豔，奇花異草，目不暇接。就我們的考察與資料分析，墨脫的特有種即有 261 種及變種，遠大於之前的植物名錄已公佈種。」

智慧的信徒，仍在長跪前行

1995 年，徐鳳翔教授六旬有四，從西藏農牧學院高原生態研究所退休。

在藏工作 18 年間，她野外考察行程 12 萬公里以上，其中馬背行程 2000 多公里，步行近 3 萬公里。

走下青藏高原的她，為北京市有關部門及門頭溝當地領導所歡迎，幫助她在北京靈山建立了一座生態科普研究所。徐鳳翔稱其為「靈山小木屋」。如果說，林芝尼洋河畔的「小木屋」

以開創性的高原生態研究為主，而「靈山小木屋」則以社會性的科普教育為主。

如今，徐老每年往返南京林學院和北京門頭溝兩個家。這兩套居室，都被她打造成了「小木屋」：滿屋子都掛滿了她在西藏科考的一幅幅相片，且向林學院的學生開放，故被她分別稱為「第三個小木屋」和「第四個小木屋」。

在她門頭溝「小木屋」朝南的大房間裏，貼着一副對聯：上聯是「花甲花開花落心未落」，下聯是「時態時浮時沉志不沉」，橫批是「自然天成」。

除了著書立說之外，徐鳳翔現在依然每年來滬看望她的黃大姐，這份延續了 40 年的情誼，她和她都難以割捨忘懷。

黃老 90 歲生日時，徐鳳翔張羅着為她慶生，送的對聯是：「科學知己，巾幗壯士」。知遇之恩及感佩之情，盡在其中。

2019 年 4 月，徐鳳翔和黃宗英這兩位老姊妹再次握手。黃老雖高壽九秩有四，但思路依然清晰。當她看到一份 2014 年的《文匯報》刊登着余之寫她的文章《甜姐兒》時，清晰地唸出聲來：「甜姐兒。」

而徐鳳翔則關心地詢問負責照顧黃老的阿姨：「黃大姐這幾天身體怎麼樣？一頓飯她可以吃多少，最近她喜歡吃甚麼？」

阿姨告訴她：「黃老師精神還不錯，今天她吃了4隻海蝦、2小塊紅燒肉、1塊紅燒魚塊……」

此情此景，讓人想起這對老姊妹跨越40年不同尋常的情誼。

黃宗英第一次結束藏東南林區科考要回成都時，關心她倆的部隊領導建議從波密坐長途車回拉薩，只有600公里，再從拉薩坐飛機出藏，並允諾：「如果你們在拉薩買不到機票，用軍用機送你們。」

而她倆一合計，堅持要走1838公里的川藏線公路去成都，理由只有一條：飛機上看不清樹木，走川藏線可以邊走邊考察。

於是她倆爬上一輛老「解放」汽車出發了。剛結冰的山路，特別危險，而且這車剎車和離合器都不靈，底盤的4個螺絲還掉了3個，防滑鏈都掛不上去。車子邊走邊修，司機緊張了一路：「車上這兩位老太太年齡加起來有110歲，要出甚麼

事我的責任就大了！」

路上，震撼她倆的不僅有綿延的巨樹，還有朝聖者。在寂靜的山路上，一個、兩個，三五成羣的小黑點，迎面而來，一步一長跪，標準的五體投地，表達內心的虔誠。累了睏了，他們就蜷縮在山崖邊睡一會兒；醒來了，繼續一步一長跪地向着藏傳佛教的聖地進發。徐鳳翔知道，他們全身心地朝聖，即使途中發生意外，也會欣慰地認為是被神接去了……

黃宗英說：「當時，徐鳳翔的眼睛凝視着前方，喃喃地說：『我不如他們虔誠。』……」

於是，黃宗英在她的報告文學裏如誓言一般地寫道：

我們——一個一個、一羣一羣、一批一批知識的苦力，智慧的信徒，科學與文化的「朝佛者」啊，我們也是一步一長跪在險路上走着。憑是怎樣的遭遇，我們都甘心情願，情願甘心。

2019 年 10 月，上海市向黃宗英頒發了第七屆上海文學藝術獎「終身成就獎」。

而徐鳳翔，日復一日地在她的「辛娜小木屋之友」裏默默地寫着她的新作《曉風·明月·親情》，述說着那難忘的歲月和

她心中的祕密，在心中向那些曾經幫助過、關愛過她的人們鞠躬致敬。

被她視為「命」的，還是青藏高原。她寫道：

40 年來，我一直沒有停止對青藏高原生態功能和價值的思考，我認為，從青藏高原的天、地、水、生物等各方面可見，青藏高原的生態功能與影響範圍，既有區域性也有全局性，既有現實性也有潛在的持續性，是全球範圍內唯一重大的生態功能區和生態制高點。

對於從事高原生態研究的科學家來說，探索和揭示高原生態功能、學習並遵循高原生態規律、珍視與保護高原生態系統，是我們的使命。在進入 21 世紀以來，以西藏為中心的青藏高原及其宏觀系統，成為全球重大熱點研究之一。青藏高原被視為監測與反映全球氣候變化的制高點和敏感指示器，如：全球變暖與旱化、污染質的全球擴散、臭氧空洞的分佈與擴展、青藏高原的隆升與季風區的氣候格局等等。青藏高原的命題博大精深，值得一代又一代科學家為此探索、獻身。我認為當前更需要重點進行生態脆弱區的保護與恢復的研究，對脆弱區的類型、脆弱程度的級次、退化的導因

與方式、恢復的機理與措施進行深入研究，讓青藏高原更多

地勃發生機。

　　青藏高原，地球的第三極。今人也許很難想像，1000萬年前，青海境內海拔才1000米，呈水草豐沛的熱帶、亞熱帶氣候。而如今，青海西南部的高原海拔在4000米以上，不見灌木，只見腳下的高寒草甸和遠處連綿的雪峯。它又是名副其實的「中華水塔」，唐古拉山、東崑崙山脈的數百座冰川，滋養並存儲了長江、黃河和瀾滄江的源頭之水。

　　科學家們對於青藏高原冰川的科考從未止步。這對於保護自然資源起到了至關重要的作用。

從 2012 年以來，長江科學院已連續 5 年組織了 8 次長江、瀾滄江、怒江、雅魯藏布江源頭的科考。2017 年進行的第 9 次江源科考，是長江科學院和青海省水利廳、青海大學組織的聯合科考，對長江正源沱沱河、南源當曲、北源楚瑪爾河及瀾滄江源的水資源、水生態環境和地形地貌開展科學考察，考察內容包括河道河勢、水環境、水生態、水資源、水土流失等，科考目的是為了進一步掌握長江和瀾滄江源區的生態環境現狀，為三江源國家公園水文水生態監測規劃提供基礎數據。

整個科考自 6 月 1 日始，從玉樹至各拉丹冬雪山，再出崑崙山口到格爾木，全程 2080 多公里，歷時一週，勝利完成。

聯合科考隊出發前夕，青海大學校長、院士王光謙專程趕來送行。對江源地區十分熟悉的他，感慨地對長江科學院前院長、科考隊顧問郭熙靈說：「你們現在去三江源可不是好時候啊！」

江源地區最好的季節是每年的 7 月下旬至 9 月上旬，但這通常是旅遊者的出行選擇。2017 年 6 月 1 日，武漢氣溫已達 30℃；而江源 7 月初仍有可能飄着鵝毛大雪。

年逾花甲的郭熙靈握着同行的手說：「我們只能趕早啊，

就怕冰雪化了車沒法進去了。」

王光謙院士的提醒，沒多久就給了科考隊員真切的體會：聯合科考隊幾乎每天都要經歷風雪冰雹，而且常常是從一場風雪進入另一場冰雹，如果一天只經歷一場風雪那簡直是太幸運了。

6月5日，這是聯合科考隊經歷的不同尋常的一天。

科考隊這一天的任務是進入各拉丹冬雪山東南側的崗加曲巴冰川科考並立碑。

前一天，科考隊在沱沱河和當曲匯合處的囊極巴隴立下了「囊極巴隴考察紀念碑」。這是本次科考所立的第一塊紀念碑。

囊極巴隴，是通天河的誕生地。長江正源沱沱河和長江南源當曲在囊極巴隴交匯，成為通天河。很多人是在兒時讀《西遊記》時第一次讀到「通天河」三字的。因此，當科考隊第一天來到通天河直門達水文站，面對雪山下滔滔而來的通天河水，不禁在心裏感慨道：「這真的是通天河啊！」據說，沱沱河之名來自蒙古語音「托克托乃烏蘭木倫」，意為「滔滔的紅河水」；當曲則源自藏語，意為「沼澤河」。其名均為描摹河流外觀形態而得之。

　　唯有「通天河」三字，將高不可測之天、危石嶙峋之地、奔騰不息之河這三者連接了起來，蒼茫遼遠，充滿哲思，如同神作。通天河自囊極巴隴向東南流去，蜿蜒曲折流過 828 公里後與巴塘河匯合，改名為金沙江，由此進入四川，越發奔流激蕩。

　　來自青海大學三江源生態與高原農牧業國家重點實驗室的李瓊博士，認真地記下囊極巴隴考察紀念碑的坐標：34° 07′ 42″ N，93° 00′ 59″ E，海拔高度 4431 米。

　　「我們早就想去囊極巴隴科考，」郭熙靈說，「實在是前些年路況太差，去不了，今年總算實現了這個心願。」

　　科考隊即將要去的崗加曲巴冰川，更加意義非凡。「崗加曲巴是各拉丹冬雪山最重要的幾個冰川之一。我們去年考察的姜根迪如冰川是沱沱河的源頭，而崗加曲巴冰川是尕爾曲的源頭，」郭熙靈強調說，「尕爾曲的第一滴水就來自崗加曲巴冰川。」

　　這怎麼不讓人充滿期待和嚮往！

《西遊記》裏的「通天河」，來自青藏高原的囊極巴隴，蜿蜒
曲折向東流過 828 公里，與巴塘河交匯後，就是金沙江。

鄭蔚 攝

海拔 4580 米：發現了河底的水生生物

　　6 月 5 日早晨 8 點半，10 台越野車組成的聯合科考隊駛出了沱沱河畔的唐古拉山鎮，沿着 G109 國道青藏公路直奔各拉丹冬雪山。右側並行的是青藏鐵路，儘管青藏公路上幾乎見不到客運大巴，但一台台滿載各類建設物資的載重車摩肩接踵，讓人感受到青藏公路的那一頭——西藏發展和建設的活力，這與科考隊前些天行進在無人區時連手機信號都沒有，只能偶爾遇見野氂牛、藏野驢的感覺迥然不同。

　　車過開心嶺不久，青藏公路上就出現了一座牌樓：「西藏人民歡迎您」，這似乎在提醒科考隊：布曲和尕爾曲的交匯處不遠了。車隊駛離青藏公路，沿着荒漠中的車轍直奔預定的科考地點。

　　在海拔 4580 米處，科考隊來到了尕爾曲和布曲的交匯點。這兩條河究竟誰對長江的貢獻更大？

　　「從《山海經》開始，尕爾曲就被認為是長江的源頭，因為它的走勢與長江的走勢基本一致。它的源頭就是我們要去的崗加曲巴冰川。但上世紀 70 年代後，國家組織專業科考隊對

長江之源進行了考察，發現布曲的水流量相對更大，因此將布曲定為幹流。尕爾曲匯入布曲後，布曲往前接納旦曲、匯入當曲，直到囊極巴隴與沱沱河交匯，這就是長江的『江源五曲』」。將這江源地區複雜的水系介紹得頭頭是道的是青海「極地戶外」創始人張永，他不僅負責本次科考的嚮導和後勤保障，還對三江源的歷史地理十分稔熟，人稱「國家地理代表」，是長江科學院特聘客座研究員。

尕爾曲畔，長江科學院河流所的閆霞卻在焦慮：現在氣溫只有 −1℃，當高級工程師周銀軍將多參數水質儀的探頭伸到尕爾曲的河水中去時，手提電腦卻死機了。兩人商議，只能先讓手提電腦曬曬太陽「熱熱身」，再重新啟動。此舉果然有效，他倆又負責地將兩條河的水質、流速等所有數據仔細地重測了一遍。周銀軍還用激光測距儀測出了兩河河牀的寬度：布曲寬 36 米，尕爾曲為 21 米。閆霞還發現，尕爾曲的水溫要比布曲低 0.8℃，「尕爾曲的源頭就是崗加曲巴冰川，它的水是『冰水』，而布曲的上游有幾處溫泉。」長江科學院副總工程師徐平分析道。

布曲旁，長江科學院水環境所的郭偉傑博士也有了新發

現：他顧不得水溫只有 1.8℃，穿着塑膠長筒套鞋站在布曲河水裏，用網袋細心地一遍又一遍地從河底採集底棲生物。開始撈上來的都是石塊，但功夫不負有心人，幾次三番後，網袋裏果然有了不少叫不出名字的水生昆蟲。真沒想到在海拔如此高、水溫如此低的河道裏，竟然生活着如此眾多的水生昆蟲，「我現在肉眼判斷這是『網補責科』的一種，回去後還要用顯微鏡進行仔細分析。」穩重的郭偉傑不願意輕易下結論，「針對採集到的不同源區的樣品，我們要弄清水生生物的種類、生物量等指標，還要開展水體氮磷、有機污染物以及金屬離子等水質參數的檢測。」

「大家抓緊些，」徐平提醒隊員說，「我們這裏離崗加曲巴冰川還有一百多公里，要抓緊趕過去。」

海拔 5243 米：崗加曲巴冰川立碑

職稱為教授級高級工程師的徐平，是整支聯合科考隊中年齡最大的博士。整支科考隊有多少博士？包括青海大學 2 名在讀博士生在內，整整 13 人。

「我們長江科學院現在招聘科研人才以博士為主，」沙志貴副院長說，「長江科學院現有博士200多人，我們這次科考隊裏有那麼多年輕的博士、碩士，就是希望能為他們將來的科學研究打下扎實的基礎。」

聯合科考隊的越野車隊沿着白雪覆蓋的荒漠向海拔6621米的各拉丹冬雪山駛去，後車司機小心地儘量不走前車的車轍，以免陷在雪中。車身在雪中顫抖，綿延的雪峯則越來越近，這不由得讓科考隊員想起一句流行語：「生活不僅是眼前的苟且，還有詩和遠方。」不知道這「遠方」指的究竟是甚麼？是不遠處的雪峯嗎？如果是的話，那對這些年輕的科學家來說太平常了。對他們而言，這究竟是「眼前的苟且」呢，還是「詩和遠方」？而屬於他們的真正的「詩和遠方」又是甚麼呢？這些一心探求江河大地奧祕以造福國人的科學家們，他們的「詩和遠方」，也許是如何才能讓長江、黃河和瀾滄江永遠清澈見底、奔騰不息吧！

現在，越野車隊已經到達了海拔5000多米。離各拉丹冬雪峯越近，荒漠上的冰漬石越多，而冰漬石的個頭也越大，越野車顛得也就越厲害。而幾天前，當科考隊在海拔4200米左

青藏高原的精靈 ── 馬鹿。

鄭蔚 攝

右的通天河曲麻萊河段科考採樣時，周邊是典型的高寒草甸地貌。青海大學的博士孟慶凱說，高寒草甸的有機質集中在草甸的 10 厘米左右，極易被破壞。仔細觀察一下，色澤土黃尚未轉綠的草甸上，似乎有不少洞穴，「這就是高原鼠兔的洞穴，牠們喜食草的根系，而根系是草甸重要的儲水層，鼠兔把根系吃了，就會造成土壤儲水能力下降，有可能引起草地退化。」孟慶凱說，「關鍵是高原鼠兔的天敵減少了，希望能想出治理的辦法來。」

儘管天空飄雪，孟慶凱、倪三川、李瓊和任燕等還是打開了攜帶的探地雷達，利用探地雷達發出的電磁波，探測地下結構。「這地下還是凍土層，」孟慶凱說，「凍土層在水土保持中也有重要作用。這裏的凍土層是季節性凍土層，實際上起到了『隔水層』的作用。它冬天凍住，就為高原儲存了水分；夏天凍土開化，又將水釋放了出來，可防止土壤因過分蒸騰導致乾旱而退化。我們必須掌握江源地區土壤含水的數據，這非常重要。」

遍地一個個像饅頭一樣圓鼓鼓的草甸，是高寒草甸典型的「凍脹丘」。夏天，它裏面的水分很多，冬天被凍住後體積膨

脹，就鼓了起來。這說明，雖然各拉丹冬雪山的冰川這些年出現了退縮，但科考隊選取的幾個科考點的土壤含水量依然比較充足。

而今天，眼前是整個晶瑩剔透的冰雪世界。各拉丹冬雪峯四周冰川覆蓋的面積達七八百平方公里，有大小冰川 130 條。在安多縣兩位藏族嚮導的帶領下，崗加曲巴冰川終於矗立在我們面前。但雪河、冰湖和冰漬石卻令車輛無法靠近，沙志貴、郭熙靈按計劃確定了豎立科考紀念碑的地點。

一路走來，不能不佩服「極地戶外」的師傅們，他們不僅有着在雪原、河道、草甸以及所有沒有路的地方駕車越野的本領，還負責整個科考隊的「力氣活」和伙食供應。

很快，「崗加曲巴考察紀念碑」在冰川前立起來了。它的坐標是：33° 28′ 2″ N，91° 11′ 58″ E，海拔高度 5243 米。

師傅們轉身開始用煤氣罐和高壓鍋做飯。這幾天，他們最好的「廚房」是路上偶遇的牧民廢棄的屋舍或羊圈，而今天甚麼也沒有，因為牧民不會到冰川前來放牧。師傅們在高壓鍋裏燉的，不是米飯，而是一鍋麵片。開鍋後，倒入事先炒好的臊子一攪拌，就是「舌尖上的青藏高原」了。這熱量和美味，足

崗加曲巴科考立碑。　　　　　　　　　　　　　　　　　　　　鄭蔚　攝

以吸引冰雪荒原上所有的生靈。3 天前，當聯合科考隊在通天河畔開飯時，天上禿鷲飛翔，地上有 2 隻高原流浪狗悄悄走攏過來，但牠們既不朝隊員們吠叫，也不彼此爭搶，宛如專程應邀赴宴的嘉賓，彬彬有禮，靜候開飯，着實令人憐惜。

但眼下，雪原上只有聯合科考隊。隊員們科考心切，甚至顧不上「大廚」們的美味，就已經先向崗加曲巴冰川進發了！

海拔 5350 米：冰湖驚現「長鰭高原鰍」

沙志貴和郭熙靈跟着安多縣的藏族嚮導，向崗加曲巴冰川大步走去。此刻，郭熙靈幾乎全然忘了出門前老伴再三的叮嚀：「你都是年過 60 的人了，這江源科考你都去了那麼多次了。我也不硬攔你，但你自己要當心身體，你的血壓這麼高。」冰川當前，郭熙靈這基建工程兵的後代已激情燃燒。他和沙志貴甚至開始都沒有察覺：從立碑處到冰川的距離不是原先估計的 4 公里，而要遠得多。

同樣急切地走向冰川的還有長江科學院水資源所所長許繼軍，這位清華的博士，近年來幾乎走遍了江源地區。「水是生

態系統中最活躍的因子，沒有水就沒有生命，現在你要看一條自然的河流，你可能只能到青藏高原去看了。長江在源區是自然的河流，但長江一旦到了中下游，就已經是一條人工的河流了，所以長江源讓我着迷。」

顧不上吃飯就直奔冰川而去的隊員裏，還有長江科學院水土保持所張文傑博士。在南京河海大學讀博士的 4 年裏，他幾乎走遍了除阿里地區外的整個西藏。「我這次參加科考，任務就是要考察江源的水土流失情況，弄清河流中泥沙的來源。這一路上，有的河水清澈見底，有的河水呈土黃色，還有的河水甚至是紅色的，這些不同究竟是經過了怎樣的物理、化學過程？這次是難得的機會，我希望能取到長江源頭的第一滴水的樣品帶回去研究。」

戴着一頂「小紅帽」的青海省水文局蔡宜晴，無疑是隊員中個子最小的女生。科考隊出發首日，她就感冒了。高原上的感冒很有可能引發肺氣腫，十分危險，但蔡宜晴竟然不露聲色地扛住了。感冒這件事她隊裏誰都不說，每天和父母通電話時，她只說自己的感冒「已經好了」。她悄悄地在背包裏塞了 4 個氧氣罐，以備不時之需，但從不言退。「我研究生學的專業

雖然選了冰雪未化的季節進山，陷車還是成了常態。

鄭蔚 攝

就是『水文與水資源工程』，這個機會太難得了。」

　　她跨過一條又一條雪河，奔向崗加曲巴冰川，一步不落地緊跟在青海省水文局副局長李其江身後，真是個「勇敢的小紅帽」。

　　而平時就喜歡體育鍛煉的李瓊，冰川縱橫方顯其英雄本色。不久前，她曾以 2 小時 26 分在西寧市跑了個「半馬」。因此，即使前往冰川的往返路程不是 8 公里而是實際上的 13.2 公里，也並沒有讓她感覺超出身體的極限。「這是我工作的一部分。」這位畢業於中國科學院寒旱研究所的女博士淡定地說。常年在青藏高原上與冰雪打交道，她已無常人初見雪峯冰川時的「激動」，「我都不會拍下雪山相片發朋友圈，因為我的同學同事都是幹這個的，我們的課題就是研究這些年來冰川退縮後的狀況。」她說。

　　走了 2 個多小時後，他們終於觸摸到了崗加曲巴冰川。冰川像是一堵有幾十米高的、幾乎垂直地掛滿了冰柱的冰牆。更令人驚奇的，是冰川的左側，竟有兩個相連的冰洞。

　　「冰洞裏實在太美了，」李瓊忍不住讚歎起來，「冰川經過千百年的壓實作用，晶體格外透明，看上去不是冰而是水晶，

整個冰洞就像水晶宮一樣。再仔細觀察，還能看到冰晶和砂礫的互層現象。」

更神奇的，是冰洞外有一左一右兩個冰川雪水融化而成的冰湖。作為水資源研究專家的許繼軍，突然在小冰湖裏發現有魚。他蹲下身來，細細地數了一下：4條魚！4條長鰭高原鰍！最長的一條大約有6厘米。

「好後悔！」大家這時才發現誰都沒有帶捕撈的網袋，誰都沒有想到在海拔5300～5400米的冰湖裏竟然會有魚！許繼軍趕緊將這冰湖之魚拍了下來。

在崗加曲巴冰川前沿的流石灘，徐平還採集到了高山藏雪蓮樣本。

而一心想要獲得「尕爾曲第一滴水」的張文傑，也終於如願以償。他以往返約14公里的最遠距離，抱回了一根大冰柱，雖精疲力竭，但滿心歡喜。他將冰柱裝入樣品桶，將此作為尕爾曲第一滴水的樣本。

傍晚17點，預定的集合時間到了，但仍有多名隊員未見蹤影。「極地戶外」的張永擔心了，曾在「南京路上好八連」部隊服役5年的他，立即帶領車隊的司機們趕向冰川，必須將體

水土保持所博士張文傑帶回了冰川上的冰柱。　　　鄭蔚 攝

力不支的隊員們一個不少地安全「架」回來。

郭熙靈和沙志貴是自己走回來的，他們徑直走向「崗加曲巴考察紀念碑」，拍下夕陽下的紀念碑。

在正常情況下，人體的血氧含量應當在 95 以上。用便攜式血氧／心跳測量儀一測量：沙志貴的血氧含量 77，心跳 102；郭熙靈的血氧含量 67，心跳 84。作為常年出入高寒地區的科學家，他們並不是沒有高山反應，只是他們一直在克服高山反應。正是對這江河大地的執着和熱愛，一次次地不放棄，使他們比常人更加堅韌。

當晚 20 點 30 分，聯合科考隊完成了所有預定任務，告別各拉丹冬雪峯。

次日凌晨 1 點，車隊終於重返沱沱河畔的唐古拉山鎮。這裏的海拔是 4500 米，唐古拉山鎮已安然入睡。

長江源頭的冰川。

郑蔚 摄

包起帆：

從碼頭工人到三次走上國慶觀禮台

　　包起帆，曾是上海港傳奇般的「抓斗大王」。2018年12月，他以「港口裝卸自動化的創新者」的傑出貢獻，被黨中央、國務院授予「改革先鋒」的光榮稱號。

　　2019年9月，慶祝中華人民共和國成立70週年前夕，中共中央宣傳部等決定，授予包起帆等278名個人和22個集體「最美奮鬥者」稱號。

新橫沙，是上海未來的一塊寶地

從「抓斗大王」到「港口裝卸自動化的創新者」，這是一個長達近 40 年的非同尋常的跨越：不僅是全國勞動模範包起帆在創新領域上的大跨越，而且是上海港從上世紀 80 年代機械化到如今的數字化、自動化乃至智能化的產業能級的大跨越；還折射出上海從國內最大的港口城市到邁向國際航運中心的歷史性大跨越。

「2040 年，如果新橫沙形成 480 平方公里的生態陸域，上海港未來的超深航道、深水港區能不能落戶在那裏？新橫沙對上海城市未來發展的新空間有甚麼意義？它可以為全國重大發展戰略做些甚麼？」2019 年元旦假期前，包起帆依然沒有閒着。2018 年 12 月 28 日下午，他帶領華東師範大學國際航運物流研究院的同事，從浦西到浦東，先後造訪了上海市發展改革研究院和上海河口海岸科學研究中心，與他們商討如何在新的一年中聯手開展「長江口疏浚土資源利用和新橫沙灘面生態培育研究及應用示範」項目的研究。

2011 年，年滿 60 的包起帆，告別上港集團副總裁的崗

位，受聘市政府參事。為延續他的創新情結，華東師範大學領導邀請包起帆擔任該校國際航運物流研究院院長。他欣然從命。

在包起帆、陳吉余院士、上海航道局董事長宗源遠和上海航道設計院院長周海等人的推動下，上海城市發展新空間和深水新港戰略的研究開始推進。次年，上海市科學技術委員會將此課題研究正式立項。

包起帆首次提出「新橫沙」的概念，未來的橫沙島，也就是新橫沙島對上海有這麼重要嗎？

「上海依水而生、依水而長，原本就是建立在灘塗上的城市，」作為一名「老碼頭」，包起帆的思考是建立在「碼頭 —— 城市 —— 世界」基礎上的，「根據規劃，上海建設用地總規模為 3226 平方公里。而在我們開始這個課題研究的 2012 年，上海建設用地已達 3034 平方公里，2020 年前上海的建設用地指標已所剩無幾。」

不只是建設用地，上海市域內的深水岸線也已幾近用罄。「國際航運的大趨勢是集裝箱船舶的大型化，以及航線佈局『輻射化』。」包起帆說，「隨着 2.2 萬 TEU（標準箱）超大型集裝箱

船及 40 萬噸礦砂船的問世，要求國際航運中心必須具備 20 米以上的深水航道和深水碼頭，而外高橋港區和洋山深水港都缺少這樣的基礎條件。」

橫沙島是長江口最靠海的一個小島，其區位優勢顯而易見。橫沙原有本島約 50 平方公里，按包起帆他們提出的設想，生態成陸後，總共可新增土地 480 平方公里，形成 100 多公里水岸線。包起帆說：「新橫沙南北兩側緊貼長江口的兩條最大通航水道，東側直接面對外海深水區，就像長江龍頭伸向大海的『龍舌』，完全有條件建設眾多的集裝箱泊位，建成水深 20 米以上的上海深水新港，為上海國際航運中心建設找到新路徑。」

其實，長江裏的泥沙也是上海的重要資源。過去，濤濤江水奔騰而下帶來的泥沙，每年都在「催生」上海的灘塗向外發育生長。「然而，本世紀初，長江中上游築起不少水壩，致使如今抵達長江口的泥沙量減少約 70%，」包起帆說，「新加坡為填海造陸，花費巨資到越南和泰國買泥沙。我們為長江口航道疏浚挖出來的泥沙，也不能白白拋回海裏，白白拋海是巨大的浪費。」

　　「橫沙島的規劃，市裏有深謀遠慮，目前是『留白』；但『留白』不能『留空』，首先要留下生態陸域，這樣不僅符合長江大保護戰略，也有利於將來國家戰略的實施。」2012 年以來，包起帆多次赴北京、武漢、南京、廣州，一家家單位去溝通，終於召集起國內近百位專家學者的研究團隊。他們以產學研結合的方式，充分發揮各自在城市規劃、現代物流、生態環境、港口航運、河口海岸等學科上的優勢，開展了「新橫沙成陸開發和深水新港建設可行性及關鍵技術」等多個項目研究，獲得 2017 年上海市決策諮詢一等獎、2018 年上海哲學社科決策諮詢和社會服務優秀成果一等獎。

　　「在國務院批准的《上海城市總體規劃 (2017–2035 年)》中，已採納了我們的研究成果，肯定了『預留橫沙東灘灘塗圍墾資源作為城市長遠發展的戰略空間』，明確『加強對橫沙等海洋戰略資源的保護和控制』。2016 年市政府啟動全國規模最大的利用長江口疏浚土生態成陸橫沙東灘七、八期工程。計劃到 2020 年，新增 56 平方公里新陸域。我們希望到 2040 年，讓新橫沙形成 480 平方公里的生態陸域，等於為上海新增一個開放初期的浦東。這塊寶地，將來肯定是為上海實施國家重大發展

戰略服務的。」每每說到這一願景，眾人就看到包起帆的臉上放光了。

「十指連心」，元旦仍惦記着傷殘工友

2019 年元旦上午，包起帆睡得比較沉。這是因為前一天晚上，他應邀參加一個上海地標景點的「跨年」活動，直到凌晨 2 點多才回到家。夫人張敏英要包起帆無論如何好好睡一覺，元旦必須在家休息，「不得外出」。包起帆正好利用這一時間，認真準備次日在母校座談會上的發言稿。

「過去他忙，我還有個『盼頭』，心想『等他退休下來就好了』。沒想到，他都退休這麼多年了，還是一樣忙，天南地北地不顧家。」張敏英說。

誰都知道包起帆發明創造不容易，其實，張敏英一樣不容易。25 年前，上海的《文匯報》記者曾報道過他去包起帆家時見到的意外一幕：這位赫赫有名的「抓斗大王」家的衛生間裏，頭頂上的一根污水管下竟然綁着一隻已經盛了半袋水的馬甲袋。張敏英說，污水管漏水了，包起帆根本沒時間管。她報

修了好幾次，房管部門「打太極拳」。她又擔心一直去反映會影響包起帆的聲譽，只好在漏的管道下方綁個馬甲袋救急，隔幾個小時倒一次水。

包起帆 1951 年生於上海，祖籍寧波鎮海。1967 年，他中學畢業分到上海港白蓮涇港區裝卸 4 隊做裝卸工。1973 年，張敏英也分進白蓮涇港區裝卸 4 隊，包起帆是她的組長。她對包起帆最初的印象是：工作服洗得乾乾淨淨，不抽煙不喝酒，話雖不多，但思路清爽，為人忠厚老實。這就是那個年代上海人的「暖男」標準。

那時，碼頭裝卸工大多抽煙，而包起帆沒有抽煙的嗜好。很多很多年後，他才對知心朋友說心裏話，那時不抽煙，並不是因為那時就像現在一樣認識到吸煙有害健康，而是因為抽不起煙。雖然那時候最便宜的一盒煙只賣幾分錢，但一個班組有二三十人，工友吸煙歷來有「散煙」的習慣，一盒煙 20 支在班組裏都不夠「散」一次的，多買煙又沒有那麼多錢，而只抽別人的煙佔別人小便宜這種事，碼頭工人最看不起了，他決不願意做，於是索性不抽煙了。從年輕的時候起，包起帆就是一個刻苦，而且不願意佔別人小便宜的自尊心很強的人。

1981 年，包起帆在家試製抓斗模型。　　包起帆 供圖

在上海港白蓮涇碼頭上日復一日艱苦的裝卸勞動中，包起帆和張敏英兩人從相識、相知到相愛。「阿拉（我們）1979 年結婚時，兩個人的工資加起來還不到 100 元。他是家裏的老二，還要接濟弟妹。所以結婚時，連個金戒指也沒有。只是請親戚朋友吃頓飯，記得格辰光（那時）是 30 元一桌。」她說。

這幾十年，包起帆全身心撲在工作上。家裏從換煤氣罐到裝修房子，全是張敏英一人裏外張羅。有時候，她也忍不住「火」了，但看到包起帆一臉疲憊地回家，心又軟了。

2019 年元旦那天，包起帆雖被夫人「管着」沒出門，但還是給牽掛的兩位工友王偉民、周振天打了問候電話。

早在 1980 年，包起帆在上海第二工業大學求學期間，就開始發明木材抓斗、生鐵抓斗、廢鋼抓斗等，杜絕了人身傷亡事故，人稱「抓斗大王」。

王偉民永遠也不會忘記，1982 年春節期間，已經傷殘在家 5 年多的他收到一張署名「一個共產黨員」的匯款單 10 元錢。而周振天是 1978 年工傷致殘的，1987 年也收到了一張 10 元錢的匯款單，署名是「四區（白蓮涇碼頭）一職工」。周振天強調說：「當時，10 元錢可不是小數目，一個裝卸工的月薪也

只有三四十元。」

　　於是，他倆先後趕到單位請組織幫忙查找匯款人，才知道是過去未曾謀面的包起帆。於是，都把錢退給包起帆，但包起帆執意要他倆收下這點心意。

　　周振天至今保存着當年包起帆寫給他的一封信。信中，包起帆說：「這些錢是光明正大的，它來自我的科技成果獎。」「在革新遇到困難的時候，遇到風浪的時候，我的力量來源之一是你們——第一線裝卸工和司機，可以說，沒有你們長期工傷在家同志、沒有因公犧牲同志的激勵，我和我的同事也不可能搞成木材抓斗。」

　　從包起帆進港到 1981 年，14 年間，他所在的碼頭工傷致死 11 名工人，重傷和輕傷的職工多達 546 人。

　　包起帆自己左手大拇指上至今留有一個長長的傷疤，就是在船艙底掛木材吊鈎時留下的，手還沒離開吊索，吊機就起吊了。現場的工友見狀立即呼叫吊車司機停下，但當時通訊工具極端匱乏，別說對講機，就是電喇叭也沒有，真的是「通訊基本靠吼」。緊急停車後，他的大拇指鮮血淋漓，傷口都能看見指骨了。這十指連心的疼痛，既讓包起帆產生一種本能的願

望，「這種危險的作業方式一定要革新」，又讓他在心底裏埋下了對傷殘的工人師傅患難與共的情誼。

2000 年 6 月底，已經調任龍吳港務公司經理的包起帆，邀請周振天去參加龍吳港務公司紀念中國共產黨建黨 79 週年的座談會。座談的前一天晚上，老周徹夜難眠。24 年前，年僅 27 歲的他在駕駛鏟車作業時，一個重 200 公斤的進口羊毛包意外砸傷了他的脊椎骨，讓這個原本生龍活虎的機械隊副隊長一下子癱瘓在牀。從此，碼頭成了他的「傷心地」。從那以後，他再也沒有踏上碼頭一步。而如今，他作為「特邀代表」要到碼頭上去參加紀念建黨 79 週年活動了！

令老周感動的是，老包比他想得更周到。開會那天一大早，龍吳公司就派了車和兩名員工前來接他。車子沒有走近道，卻反方向駛上了南浦大橋，往浦東駛去。這是老包關照的，知道他出門不容易，先帶他去看看浦東的新面貌，再繞道徐浦大橋去龍吳碼頭。老周的眼眶濕潤了：內環線就建在他家門口，但內環線建成那麼多年來，他一次也沒有走過，現在終於知道車子在高架上走是甚麼感覺了！

近 40 年來，包起帆給自己立了個規矩：把國際、國內、

省部級獲得的所有科技獎勵，除分給參與項目的同事外，都送給了傷殘工友。王偉民說：「老包給我的錢至少有 10 萬元。」

周振天是在浦東的新居裏接到包起帆電話的，屋外冬雨淅淅瀝瀝，屋裏溫暖整潔。

周振天家原住中山南一路，因 2010 年上海開世博會，政府組織動遷了。「最早動遷方向是去郊區，」周振天說，「老包一聽就說不行。他說，你是重殘員工，那裏現在還沒有醫院，你發起病來怎麼辦？為了我，他去找了動遷辦好幾次，向他們說明我傷殘的特殊情況，和他們一起想辦法。老包同時也提醒我：你首先要考慮有沒有無障礙設施，進出要方便；其次，要離醫院近；第三，購房的目標不要太高，要考慮自己家庭的還款能力。」

在包起帆和動遷辦的努力下，周振天歡歡喜喜地住進了南浦大橋下的新居。這裏距離浦南醫院和仁濟醫院浦東分院都在 1.5 公里以內。

周振天永遠也不會忘記的是，有一年春節，他決心要去看看包起帆，他和另一位工傷的夥伴去給包起帆拜年。包起帆聞訊連忙和妻子從 11 樓趕了下來，看到他倆送的錦旗，夫妻倆

禁不住熱淚盈眶。

當時已經是國家級專家和高級工程師的包起帆，慢慢彎下腰，把他們倆從輪椅裏背進了 11 樓自家的沙發⋯⋯

「這些年來，老包提醒我要走出家門，為社會做力所能及的事。我現在參與上海肢殘人協會脊椎損傷委員會的工作，每年要請醫生來做講座，還要購買和分發殘疾人使用的醫護用品⋯⋯」周振天已然從一名傷殘者成了輪椅上的義工。

「你有甚麼困難就打我電話。」包起帆每次通話都不忘要關照周振天。

「他像火炬一樣，點燃更多人心中創新的火焰」

2019 年 1 月 2 日，包起帆一早就趕到了華東師範大學國際航運物流研究院，和同事們商量修改有關項目報告。中午他只咬了一口包子，接他去上海第二工業大學浦東新校區開座談會的「專車」就到了樓下。

同事沒想到的是，打開車門，「專車司機」竟是張敏英。「他坐車子要思考問題，所以他開車我不放心，我就當他的義

務『專職司機』。」也已退休的她笑着說。

「我曉得儂（你）來不及吃中飯，幫儂帶了牛肉湯和生煎包子。」夫人十分體貼地讓包起帆先喝了一碗牛肉湯，才駕車奔向浦東。

下午，上海第二工業大學的座談會一結束，包起帆又馬不停蹄地趕往虹橋機場，搭乘傍晚的航班飛北京。

包起帆這麼着急趕往北京是為甚麼？

1月3日上午，在北京的全國總工會會議室裏，包起帆坐在投影機後，為全國總工會推薦申報2019年國家科技進步獎的多個課題組逐一進行專家輔導。

「項目的簡介很重要，一定要寫得實。原來存在甚麼問題，通過創新解決了甚麼問題，要有扎實的內容支撐，必須有數據。」包起帆提醒道。

「示意圖有嗎？示意圖比相片更直觀，能用示意圖的儘量採用示意圖。

「對創新點最好的表述是甚麼？不是拔得越高越好。最好的表述是恰如其分，就是實事求是。」

包起帆的點評和建議，讓課題組成員獲益匪淺。

　　全國總工會勞動和經濟工作部副部長姜文良介紹說，從
2006 年開始，科技部每年請全國總工會負責推薦申報來自生產
一線的國家科技進步獎。全國總工會考慮到包起帆多次獲得國
家科技進步獎，因此請他來為申報者輔導，主要是幫助申報者
梳理創新思路，從全新的角度認識自己的創新成果。

　　國家電網浙江省電力有限公司電力科學研究院計量中心計
量檢定員黃金娟和上海航天科技研究院的王曙羣，分別在 2017
年和 2018 年獲得了國家科技進步獎，他們都接受過包起帆的
輔導。

　　黃金娟說：「包老師怕我在大專家面前不自信，就多次鼓
勵我說，你是這個領域最優秀的。你不用擔心，無論專家提甚
麼問題，你都能回答。我很感謝他。」

　　「我們希望包起帆就像火炬一樣，去點燃更多的生產一線
職工心中的創新激情。」姜文良說，「5 年來，國家科技進步獎
（工人農民組）一共授獎 12 項，其中就有 8 項是受包起帆指導
幫助的。」

　　包起帆說：「讓大家共同成長，創新才有凝聚力。」

「我是第三次走上國慶觀禮台」

　　當包起帆第一次被評為上海市勞動模範時，他還只是上海
港南浦港務公司工藝科「以工代幹」的技革員。包起帆自己概
括說，從 1981 年至 1986 年，是自己做科研；1986 年到 1996
年，先後當上了工藝科的科長和主管科技工作的副經理，帶領
大家一起做科研；1996 年，擔任龍吳港務公司經理，開通了
我國水運史上第一條內貿標準集裝箱航線；2005 年，擔任上海
國際港務（集團）股份有限公司副總裁。

　　儘管擔任的企業領導崗位越來越高，但他始終沒有離開科
技創新的第一線 —— 2006 年 5 月，在第 95 屆巴黎國際發明博
覽會上，他獲得 4 項金獎，成為 105 年來一次獲得該展會獎項
最多的人。2007 年，他主持建設了我國首座集裝箱自動化無人
堆場和全自動散貨裝卸系統。2009 年 5 月，國際標準化組織正
式任命他負責領導工作組編寫集裝箱電子標籤國際標準，標誌
着中國航運界在領銜制定國際標準方面實現了零的突破。2011
年，他負責制定集裝箱 RFID 管理方案和相關國際標準 ISO/
NP18186，該標準成為在物流和物聯網領域首個由中國人領銜

制定的國際標準。2016 年，該標準被英、法、荷、丹、捷等七國採納為國家標準。

包起帆先後 3 次獲得國家發明獎，3 次獲得國家科技進步獎，44 次獲得省部級科技進步獎，36 次獲得日內瓦、巴黎、匹茲堡等國際發明展覽會的金獎。

而上海的《文匯報》是最早關注、報道包起帆進行技術革新的報紙。早在 1980 年 9 月 17 日，《文匯報》就刊發了《包起帆鬧革新延長鋼絲繩壽命》的消息，讓上海市民第一次在報紙上讀到「包起帆」這個名字。

包起帆的創新之路，起步艱難而走勢強勁。為在國際標準組織中保持中國的先發優勢，通過物流把我國的北斗技術引入國際，他組織團隊開展了基於北斗的物流跟蹤與監控系統研究，成果於 2015 年在世界規模最大的日內瓦發明展上獲 3 枚金牌。在閉幕酒會上，當組委會主席獲悉包起帆 28 年前就在展會上獲過金獎，非常感慨，表示很難相信 28 年前在這裏拿過金獎的人，竟然在 28 年後還有發明，歎為觀止。

源源不絕的創新激情，來自何處？

在上海第二工業大學的「包起帆創新之路展示館」中，包

起帆有句話發人深省:「創新要以核心價值觀引領,以金錢為目的的創新不可持續。」

從當年的「抓斗大王」到如今的「改革先鋒」、「最美奮鬥者」,包起帆目光更遠了,胸襟更開闊了,但他樸實依舊,初心不改。創新,改變了他的人生,但他創新的目的不僅僅是為了改變自己的地位。他不是精緻的利己主義者,否則,他走不了這麼遠。他並不以自己曾經是一名一線生產工人而自卑,他說:「如果說我成功了,我其實只是做了一個有出息的工人。」

包起帆被中共中央宣傳部評為「最美奮鬥者」,是當之無愧的。其實,無論你出自甚麼家庭,無論你的起跑線是碼頭工人還是大學生,也許這些都不是決定性的。決定你人生最關鍵的是你自己奮鬥不奮鬥,你奮鬥的目標定在哪裏,為了這個目標你又願意付出多少!

2019 年 10 月 1 日,包起帆應邀參加了國慶 70 週年觀禮。他激動地說:「我曾經參加過國慶 50 週年、60 週年觀禮,今天又參加國慶 70 週年盛典,更是心潮澎湃。每一次都是心靈的洗禮,都會更加堅定我們為人民謀幸福、為民族謀復興的初心。特別是今年的國慶活動,我看到來自全國各地的英雄模範

獲得「改革先鋒」榮譽稱號的包起帆。　　　　　　　　　　　鄭蔚 攝

特別多！許多老模範見面格外親切，都覺得以習總書記為核心的黨中央對英雄模範的推崇和關切是空前的。正如習總書記所說的，崇尚英雄才會產生英雄，爭做英雄才會英雄輩出。國慶前一天，我參加了隆重的國家勳章頒授儀式，今天的閱兵和羣眾遊行中，許許多多英雄模範出現在彩車上、觀禮台前，充分向全社會展現了黨和國家推崇英雄模範的價值取向。作為一名從平凡的碼頭工人成長起來的共和國同齡人，能為國家和人民奉獻智慧和汗水只是本分。我們的奉獻只有起點，沒有終點。我還要為祖國的繁榮昌盛繼續做出新的貢獻。」

管彤賢為中國機電製造業自立於世界民族之林立下了汗馬功勞。

他領銜創辦振華港機之時立下的誓言已經實現：「全球各大集裝箱碼頭，都要有我們中國人製造的超大型集裝箱起重機。」

如今，耄耋之年的管彤賢，還在為振華重工的創新殫精竭慮。他是中國製造業不老的英雄！

管彤賢：

讓全世界抬頭仰視「中國製造」

要不是有現場相片為證，這事聽起來有點像當代版的「伊索寓言」：

2013 年 3 月 29 日，時任美國總統奧巴馬來到了有「美國南大門」之稱的邁阿密港，在碼頭上發表主題為「振興美國製造」的演講。既是總統親臨演講，現場理應莊嚴隆重，於是，講台後的一大排岸邊式集裝箱起重機上早早掛起了美國國旗。

誰料想，奧巴馬正在滔滔不絕地演說時，突然一陣大風颳來，吹落了集裝箱岸橋上一面原本好好掛着的美國國旗，被它精心遮蔽的「振華 ZPMC」這幾個中英文大字露了出來。

原來，這每一座岸橋上的美國國旗，遮蔽的都是振華港機的品牌標誌，而老天似乎偏要在美國總統「振興美國製造」的演講現場為振華港機做一個大廣告。

於是，有美國媒體調侃說，白宮工作人員下次掛國旗時，是不是該換根更結實一點的繩子？

正所謂「清風不識字，何故亂翻『旗』」，也許，這小插曲正是奧巴馬的後任打着「美國第一」的旗號遏制打壓中國製造業而難以得逞的預兆。

如今，在全世界 102 個國家和地區的 300 多個集裝箱碼頭

上，都有振華重工的集裝箱起重機，振華重工已佔世界港機市場 80% 的份額。

振華創始人管彤賢在創業時立下的誓言：「世界上凡是有集裝箱作業的碼頭，都應有上海振華生產的集裝箱機械在作業」，已夢想成真。

所有的「獨門利器」，都是被對手逼出來的

「47、48，幹也白搭；57、58，下棋喝茶」，這是曾流行於上世紀八九十年代調侃機關幹部生存狀態的笑話，但管彤賢卻偏偏在 59 歲的關口，打報告申請創辦上海振華港機公司。

管彤賢，祖籍北京，1933 年生人，1951 年就讀於北京工業學院（現為北京理工大學）機械製造專業，1955 年本科畢業後滿懷激情地被分配到交通部海河運輸局任技術員，1957 年被錯劃為右派，遭開除公職、送黑龍江興凱湖勞改農場勞動改造，之後以「摘帽右派」身份當了 10 年農民和 10 年工人。直到 1978 年黨的十一屆三中全會撥亂反正，方獲平反。1980 年他重回交通部工作，先後任交通部水運司工廠處副處長、中港

總公司船機處副處長。1992年，他領銜創辦上海振華公司，任總裁18年，於2009年底卸任。

「1992年，整個上海港的集裝箱年吞吐量僅有40萬TEU（標準箱），僅為上海港2018年集裝箱吞吐量4000萬箱的1%。當時中國在世界集裝箱裝卸機械市場上的業績幾乎為『0』。」時任中港總公司船機處副處長的管彤賢對此痛徹心扉，「1980年我第一次出國去日本，那裏幾乎看不到中國機電產品。我問接待方，哪裏可以找到中國產品？日方人員把我帶到跳蚤市場說，這裏有『MADE IN CHINA』的商品。中國製造的產品，在發達國家只能是地攤貨？我感到很屈辱。一個民族的產品，如果只能讓人家低頭看，這個民族是很難得到人家『高看一眼』的尊重的。那時我就下了決心，必須讓人家抬着頭看『中國製造』。公司取名『振華』，就是取其『振興中華』之意。故在成立時提出『奢望』：要讓振華港機的岸橋，高高站立在世界所有的集裝箱碼頭上，讓人仰視。」

「當年，我們從零開始，竟日和困難、挫折打交道。一無錢，二缺人，我和同事們都是騎自行車上班，唯一一輛借的轎車是接送客人的，一輛大客車是從韓國買的二手車，用了5

年。當年辦公室的櫃子都是吊在牆上，不能落地，不然櫃門打不開。」管彤賢說。

但當時國內港口情願買日本、韓國的二手貨，也不願買振華港機的產品，某大港甚至連一份標書都不願意給振華。

國際市場雖然強手如林，但無偏見，規則是公開競標，振華可以參與，這給振華走「先國際再國內」的市場戰略大開方便之門。但是想動國際強手的「奶酪」談何容易。

當時新加坡是世界集裝箱第一大港，振華連續投標 5 次，均告敗北。振華人沒有泄氣，千方百計拿下了加拿大溫哥華集裝箱碼頭的一份岸橋訂單，「這可是振華港機的第一份訂單，價格大約是 564 萬加元，比市場價低 30%。振華從不花錢做廣告，產品就是最好的廣告。這第一張訂單，振華港機還倒貼了 90 萬美元的船運費。」管彤賢回憶說，「我們要求把它當作工藝品一樣精心打造。結果第 1 台岸橋還沒交貨，溫哥華港又追加 1 台，這是對我們振華品質的高度認同。」

當時全球只有一家荷蘭船公司擁有能運輸岸橋的特種運輸船，接到振華要再加運一台岸橋的訂單，它開出了 140 萬美元的高價。

奇人管彤賢。　　　　　　　　　　　　　　　　　　　鄭蔚 攝

振華的商務人員不解：「上次運那台不是才 90 多萬美元嗎？我們是回頭客，怎麼反而提價這麼多？」對方拿出壟斷者的傲慢說：「不是這次貴，而是上次已經便宜你們了。」

大型岸橋因為是整機海運，一台重量從 1000 噸起到 2000 多噸，運輸時即使將起重臂放平也要 60 多米高，故海運的難度高、風險大。這家船公司的合約條款還相當霸道：運輸船如果晚到始發港碼頭裝機，不承擔違約責任；而運輸船抵達目的港後，租賃方必須在規定時間內完成卸貨，逾期要承擔賠償責任。管彤賢心想：海上運輸已成岸橋如期交貨的瓶頸，要想不受制於外人，只有自己幹！

於是，振華買下一艘 6 萬噸的舊船進行改造，命名為「振華 2 號」。消息傳到了歐洲，那家荷蘭船公司揚言要告振華侵權。

「我們不怕它打官司，全世界的轎車都是 4 個輪子、1 個方向盤，你可以造，我就不能造嗎？」管彤賢胸有成竹地反擊了回去。

「振華 2 號」快改造完成時，那家船公司伸來橄欖枝：「我們願與貴公司合作開發特種運輸船。」管彤賢樂了：「這不是剛

說要和我們振華對簿公堂嗎？怎麼又改喜結連理了？」他婉拒了這門「親事」：「感謝貴公司的美意，但我們的嘗試還不一定成功，萬一失敗了呢？」

一台岸橋站在集裝箱碼頭上，起重臂抬起時高達七八十米，堪稱「鋼鐵奇俠」，站上一排，何等壯觀。溫哥華港的廣告效應立馬來了：就是那個邁阿密港，下了 4 台岸橋的訂單。

1995 年 4 月 3 日，「振華 2 號」首次出征美東海岸。48 天後，它載着 2 台岸橋順利抵達邁阿密。

意料之外的難題來了：雖然集裝箱碼頭外的水面有 600 多米寬，但航道寬度只有 200 多米。「振華 2 號」船身長 250 米，它裝卸岸橋的方式是「前叉式」，必須船頭正對着碼頭才能裝卸，但船身長度超過了航道的寬度，這可如何是好？

那家荷蘭船公司派到邁阿密港的觀察員，一看「振華 2 號」的船頭無法正對着碼頭，開心得呵呵一笑去旅遊了。3 天後，他旅遊回來，想看「振華 2 號」的笑話，卻大吃一驚：2 台振華岸橋已經巍然聳立在碼頭上了。

管彤賢笑着「解密」說：「我們一看航道太窄，就趕緊租了一條駁船，停在『振華 2 號』船頭，先把岸橋卸到駁船上，再

從駁船拉上碼頭。」這可真是個金點子，「沒想到，這老駁船平時好好的，岸橋一上去，吃上1000多噸重量就漏水了。我們再趕緊借水泵給駁船抽水，借來水泵還得臨時拉電……好在成功卸載，萬事大吉。雖然成功了，還是要總結教訓。首先，這件事說明我們工作還不夠細緻，只看水面寬而不知航道窄；其次，運輸船『前叉式』的裝卸方式制約因素太多，必須改為『側裝式』，讓船正常靠在碼頭上從側面就能裝卸港機。這一創新不僅裝卸更快捷，還不影響航道正常通行。」

振華船隊最多時擁有29艘岸橋整機運輸船，全部採用「側裝式」，一艘船可同時裝4台或6台岸橋，而荷蘭船公司一艘船只能裝2台。振華船隊的運輸能力全球第一，每年運送岸橋300台、場橋500台到世界各地。且不說如何造出這麼多鋼鐵巨人，僅將它們運達世界各地亦應稱「當驚世界殊」。

「擁有自己的船隊，這是振華的『獨門利器』，」管彤賢說，「碼頭公司最怕甚麼？就是碼頭造好後，岸橋等作業機械不能按時交貨，那碼頭就只能空着曬太陽。世界上別的集裝箱起重機械製造廠，都沒有自己的船隊，交貨脫期是常態。能保證準時交貨，這是我們振華被逼出來的核心競爭力。」

船長向管彤賢報告：「海盜小艇正向我船撲來」

2008 年 12 月 17 日中午，管彤賢突然接到振華船公司的報告：正在亞丁灣航行的「振華 4 號」整機運輸船遭遇海盜襲擾。

最早發現匪情的是「振華 4 號」整機運輸船船長彭維源，他在駕駛台上用望遠鏡對四周海域進行瞭望。發現在前方五六海里處，有 2 艘白色小艇正在駛來，十分可疑。想起從振華總部發來的多份「防海盜安全預報」，他不由得提高了警惕：會不會是海盜？望遠鏡裏，2 艘小艇正直撲而來，果然是不速之客！於是，彭維源果斷拉響了全船警報！

「振華 4 號」是當年 11 月 29 日駛離長興島的，滿載 4 台集裝箱岸橋前往蘇丹港。12 月 12 日，該船從蘇丹港啟程回國。15 日，進入海盜猖獗的亞丁灣。彭維源想起管彤賢多次提醒大家要落實防海盜預案，更提高警惕了。全船警報響起後，船上的 30 名船員立即按照防海盜應急預案，封閉全船艙門，用氣割割斷了從甲板前往駕駛樓的兩架鐵梯，利用主甲板到駕駛樓下生活艙 6 米高的落差，建立起一道防線。

管彤賢主創研製的雙 40 英尺集裝箱岸橋。　　　　　　鄭蔚 攝

　　而同時，上海的振華總部也緊急行動起來了。管彤賢接到船長報告「2艘海盜小艇正向我船撲來」後，立即向北京的中國交通建設集團報告了險情。由中國交通建設集團向我國交通部、外交部、公安部報告，外交部立即與聯合國反海盜中心聯絡，一場跨越萬里的海空聯合救援立即展開！

　　而這時，荷槍實彈的幾個海盜真的逼上來了。

　　所有的船員都知道亞丁灣裏流傳着這麼一個故事：某國40名船員被海盜劫持，海盜勒索每人19萬美元的贖金，船長向本國發報求救，得到本國政府的答覆是：「你們就為國捐軀吧。」從此，這40名海員就從國際海員勞務市場上徹底消失了。

　　而「振華4號」背後有着偉大的祖國，還有以「愛國家、愛企業」的企業文化把員工凝聚起來的振華公司。雖然爬上甲板的幾個歹徒揮舞着手中的衝鋒槍、機槍和火箭筒，氣焰十分囂張，而「振華4號」全船沒有一槍一彈，但船員們毫不畏懼，他們往空啤酒瓶裏灌上易燃的「油漆水」，再用棉紗浸上柴油做導火索，以200多隻「土燃燒瓶」迎戰海盜。

　　2艘小艇上總共有9名海盜，除各留下一個海盜守船外，

其餘 7 名歹徒爬上了「振華 4 號」。他們衝過 138 米長的甲板，衝到駕駛樓下，發現鐵梯已經被割除，3 名歹徒只能用爬船時自帶的輕便型鋁合金梯攀爬上來。但駕駛樓底層的生活艙門早已反鎖，而且是厚厚的水密門，惱羞成怒的歹徒只能用衝鋒槍對準鎖孔亂射。子彈橫飛，但反鎖的水密門性能良好，巋然不動。

歹徒進攻受挫之時，船員們的反擊開始了。駕駛樓裏 8 條高壓水槍從舷窗裏有力地射出去，形成交叉火力，射得歹徒站立不穩。一隻隻「土燃燒瓶」從天而降，雖然沒有強大的殺傷力，但足以嚇阻歹徒的進攻，更重要的是，它宣示了我船員絕不向海盜屈服的頑強意志。

激戰中，一位船員急中生智扔出一枚船舶遇難時用的煙霧信號彈，煙霧信號彈四面射出的焰火嚇壞了 3 名正進攻的歹徒，一個歹徒跌跌撞撞摔了好幾個跟頭才逃回了船頭，另 2 名歹徒也退到了主甲板上。

危急關頭，多國部隊的直升機趕來了。

在振華總部的管彤賢與船長通電話時，聽到海事衛星電話裏傳來直升機的轟鳴聲，船長向他報告：「直升機已抵達我船

上方，開始繞船盤旋威懾海盜！」

　　狡猾的海盜立即將一艘小艇掛在「振華4號」船舷邊，讓直升機投鼠忌器，無法對小艇射擊。2名原來守船的海盜也逃上了「振華4號」，而另一艘小艇還來不及掛舷就被直升機擊沉了。

　　雖然直升機因為油料有限，滯空作戰時間較短，不一會兒就返回基地加油了，但它的出現是一個強有力的信號：海盜們知道自己的處境極為不利——前有勇敢不屈的振華船員，後有國際援兵！

　　被困在主甲板的幾個歹徒，突然做着手勢，喊着向駕駛樓上的船員提出了一個意想不到的請求：給幾雙鞋子吧！

　　原來，主甲板上滿是「土燃燒瓶」爆炸後的碎玻璃，光腳的歹徒別說進攻了，就連逃命都沒法邁開步。

　　海盜劫船，通常只是為了搶劫錢財或劫持人質勒索贖金。因此船員們在抵禦海盜的侵襲時，既要堅決抵抗，又要儘可能不殺傷海盜，以防對方喪心病狂，報復殺人。這不僅是勇氣的較量，更是智慧的較量。

　　於是幾雙鞋子被扔了下去：快穿上滾吧！

所有的歹徒都退回了船頭。

北京時間 17 時 45 分，所有的海盜都灰溜溜地下了船，乘上小艇逃走了。臨走前，2 個海盜服輸地向船員們豎起大拇指：你們中國人厲害！

當晚，管彤賢通過電話告訴彭維源：公司決定給予「振華4 號」30 名船員重獎，以表彰他們捍衛了中國海員的尊嚴。

國際反海盜中心對「振華4 號」船員的英雄行為也大為讚賞，認為振華前所未有地開創了「海盜登上一艘船，卻佔領不了一艘船」的奇跡。

有國際媒體在報道中評論說：「振華船員用啤酒瓶打敗了有火箭筒的海盜，我們彷彿再次看到了當年《地道戰》和《地雷戰》的影子，振華的員工讓我們再次認識了中國的軟實力。」

3 天後，中國政府宣佈，根據聯合國安理會有關決議並參照有關國家做法，決定派出海軍艦艇赴亞丁灣、索馬里海域實施護航。

6 天後，我國南海艦隊導彈驅逐艦武漢艦、海口艦和綜合補給艦微山湖艦，從三亞某軍港鳴笛啟航，對深藍的大洋宣示：中國海軍來了！

不做總裁十多年了，員工仍記得他的「金句」

管彤賢卸任總裁已十多年了，但很多員工依然記得他當年留下的「金句」：

「工業企業的第一個課題是市場，第二個課題還是市場，第三個課題仍是市場。」

「選幹部要有 4 個條件：一是肯操心，二是能着急，三是遇事拿得出辦法，不能只是向領導匯報了之；四是出手快。」

「企業不以年齡劃線，不以學歷劃線。經驗都凝聚在人身上，人走了，經驗就走了。即使年齡超過 60 歲，只要能登上六七十米高的岸橋，振華照常聘用。」

「有圖利之心，但也有戒律。只搞實體經濟，絕不涉獵虛擬領域。」

「提倡買書、藏書、讀書。白領每年報銷 800 元買書費，讀書不僅增加知識，還改變人的氣質。」

「每年創造一個世界第一，主產品世界市場份額要領先。」

「每年一個世界第一？振華這麼多年來都能做到嗎？」社會上很多人都覺得這一目標難度太大，難以實現。

　　曾任振華重工總裁的黃慶豐回應社會的疑問說：「過去，管總一直提醒我們，振華就要堅持創新，做別人沒有的產品。振華的歷屆領導班子都把完善深化創新體制機制作為企業的一件大事，着力研發具有戰略性、前沿性和全局性的重大關鍵技術。從 1998 年起至今，我們振華每年都至少創下一項世界第一。2017 年，振華創下 2 項世界第一：上海洋山港全球最大的自動化碼頭和世界最大的 5000 噸鋪管船；2018 年也創下 2 項：世界最大的 2000 噸海上風電安裝船和世界最大起重量連續型板式路面自動鋪路機。」

　　正是一項又一項具有自主知識產權的世界頂尖的集裝箱起重機新技術，在振華被源源不斷地創造出來，才使得過去的振華港機、如今的振華重工連續 20 多年站在世界集裝箱岸橋製造業的制高點上：

　　世界首創雙 40 英尺集裝箱起重機，生產效率可比傳統設備提高 50% 以上；

　　全自動化雙小車岸橋，高矮兩隻小車分別解決了卸船要高、裝車要矮的矛盾，大大提高了生產效率；

　　世界領先的 RMG/RTG 雙向防搖系統；

世界首創的採用 GPS 技術的集裝箱起重機，精度可以達到 15 毫米；

世界首創的大樑升降式岸邊集裝箱起重機……

當初，振華的第一台岸橋是以比國際同行報價低 30% 拿到「入場券」的；如今，即使有的外國廠商報價比振華重工低 15%，客戶依然選擇振華。因為客戶相信：振華的產品品質過硬，綜合實力強，中國的政治穩定，不會交不了貨，振華有自己的船隊能準時運達。

「我是 2000 年進振華的，」振華重工港機集團科技部副經理朱昌彪說，「一進公司就聽說一個新型吊具研發團隊獲獎 30 萬元，這讓我非常震撼。30 萬元在當時可以在公司總部附近買一套 2 房 1 廳的房子。」

「振華從創辦起，管總倡導的就是『創新為魂，奮鬥為本』。」振華重工港機集團黨委副書記李義明說，「2008 年世界金融危機爆發，國際上集裝箱碼頭建設速度有所放緩，管總就提出要進軍海工裝備。但是，發達國家在海工市場上同樣對華實行技術封鎖。當年我們在建造 7500 噸超大型浮吊時，買了一艘舊外輪，船交付後，發現吊鈎已被割了一刀，它的力學結

構被破壞了，只能報廢。所以振華無論走哪條路，都要靠自己創新。」

管彤賢說：「要創新，必須奮鬥。」他希望所有的員工心無旁騖，以創業者的心態投身振華的事業。

美方鼓動「製造業回流」，卻撼動不了振華優勢

2019 年盛夏時節，早晨 6 點半的上海浦東雖已天色大亮，但街道仍似乎剛醒來不久，東方路等主幹道的車流尚不及高峯時的半數。但這卻是管彤賢週一至週六幾乎不變的上班時刻，他總是在振華重工的辦公樓前下車，快步走向電梯。如今，他已經卸去了所有職務，現在是同濟大學客座教授。

他帶研究生的工作室在 21 樓，他的案頭依然有不少新書，其中有美國作家馬克·萊文森寫的《集裝箱改變世界》。十多年前，管彤賢在浦東南路的振華公司總部當總裁時，既沒有寬大的老闆桌，也沒有真皮的老闆椅，所有的來訪者要走過行政辦公室兩側各五六排辦公桌形成的「夾弄」，再穿過兩側書櫥形成的間隔，連門都不用敲——因為沒有門——就見到了戴着

標誌性黑框眼鏡正在忙乎的他。沒有獨用的辦公室，沒有專職
祕書，沒有專車，這「三無」當年曾是他區別於很多大集團總
裁的「標誌」。

「我和同濟大學的幾位研究生一起研究如何創新，」以即溶
咖啡和餅乾當早餐的管彤賢說，「他們3年讀研，一半在同濟
跟導師學，一半在振華和我一起實務。至今已輪換了6批同學
了。」

振華重工海工集團臨時黨委副書記吳富生說：「管總是非
常有創意的，他不久前提出將海上平台升降裝置中的變速箱由
原來的輸出1個爬升齒輪，變為輸出2個爬升齒輪。我們的海
上平台有3個椿腿，每個椿腿要裝18套變速裝置，一個海上
平台共有54套變速裝置。採用管總的新變速裝置後，每套可
減輕5噸重量，整個平台就可減重120噸，建造成本減少800
萬元，而且還可提升效率10%～15%。」

風電安裝平台的椿腿要先插入海底才能作業，安裝完後再
轉移到新的椿位。遇到淤泥比較深的海牀，就會「拔腿困難」。
有的平台甚至遭遇拔了一個月椿腿還拔不出來的窘境。管彤賢
聞訊後，帶領研究生團隊反覆研究，提出了在平台下方建一

個下浮體的方案，直接坐在海牀上，以解決海上平台既要站得穩，又要走得快的難題。這套新裝置將會安裝在 2500 噸坐底直升式風電安裝平台上。

說起這些研發項目，管彤賢難得有幾分自得地笑起來：「我很樂意做個創新工程師。」

一個甲子前的北理工機械系畢業生，一個甲子後依然如此熱愛機械製造，令人感佩。這讓人想起管彤賢經常對同事說的崑劇《班昭》的唱詞：「最難耐的是寂寞，最難拋的是榮華，從來學問欺富貴，真文章在孤燈下。」

有人問他：「您當年何以豪氣滿滿地提出『要把集裝箱橋吊裝滿世界各大港口』，當時您認為哪一年能實現這個目標呢？」

管彤賢笑着說：「當時我們其實不知道哪一年可以實現這個目標，但這個目標必須要有。沒有偉大的夢想，就難以創造偉大的業績。其實我們也確實認真研究過，集裝箱起重機製造行業的特點是『技術密集＋資金密集＋勞動力密集』，發達國家領先我們的是技術，我們的優勢是勞動力。一台大型集裝箱起重機的人力成本佔 30% 左右，發達國家的人工比我們貴幾

遙望振華重工長興島基地。

鄭蔚 攝

倍乃至十來倍，這就是我們的優勢空間。儘管非洲和東南亞的人力成本比我們低，但他們勞動力的技能不如我們振華，無法構成優勢，所以只要我們把研發能力提上去，在技術上領先發達國家，就必勝無疑。振華已經培養了總人數達2000多人的年輕的科研團隊，有幾百套設計圖紙可隨時滿足客戶的需求，這也是振華的制勝祕訣之一。」

在管彤賢擔任振華港機總裁時，振華獲得了國家科技進步一等獎。作為一家製造大型機電產品的工業企業，要獲得這麼高的國家級科技獎項實屬不易。

管彤賢坦誠地說：「雖然我們最早期的產品，也不可避免地多多少少有着技術模仿的痕跡，但所有的員工心裏都清楚：這只是留在前人肩上的腳印，並不是跟在別人後面亦步亦趨的桎梏。在振華創辦之初，我們就確立了要通過科技創新，打響自主品牌的信念。」

作為大型機電產品，集裝箱岸橋的設計和製造，僅國際標準就有20多種，涉及鋼材、焊接、結構、電氣設備、環保等各種領域。光是將這些國際標準的英文文本堆起來，就有兩三米高。但振華人攻堅不怕難，硬是走過了「消化、吸收、再創

造」的歷程。

「甚麼才是叫得響的國際品牌？我認為：它必須能不斷地反映出世界最新的技術成果，才能叫國際名牌。比如，今天的華為，在遭受國際反華勢力的圍攻打壓下，如果他們沒有過硬的最新科研技術成果怎能立於不敗之地？」管彤賢說，「振華在科技研發上投入了大量的人力物力。當年我們每年要拿出年產值的2%來作為科技開發基金，每年還要拿出1000萬元獎勵有突出貢獻的工程技術人員，最高獎額100萬元；企業不僅有一支強大的科研隊伍，還重視利用『外腦』，與上海交通大學、同濟大學、上海海事大學、武漢理工大學、中國船舶科學研究中心等200多個國內外高等院校和專業研究機構合作，調動他們幫助分析解決技術難題。我們的創新能力達到了國際權威的一致認可：『ZPMC正在挑戰商業邏輯，它幾乎可以生產包括電控系統、制動器、減速箱、吊具、高壓電纜卷筒和載人電梯等所有的配套系統和元件。』」

近年來，美國政府一直在鼓動「製造業回流」，會不會對振華的未來構成挑戰呢？

「你認為美國的『製造業回流』能實現嗎？舉個例子，美國

舊金山——奧克蘭新海灣大橋是個超級工程，為甚麼它的東段鋼結構還是讓振華造？」管彤賢說，「開始也有國際廠商來和振華爭奪，但他們缺乏優質的焊工隊伍，無法與我們匹敵。按照美國焊接協會規定，焊工必須有 ASTM（國際焊工協會）證書才能上崗。當時我們振華有 7000 名焊工，其中數百人擁有國際、國內焊工雙證書，他們為振華拿下了訂單。美方對我們的鋼結構『1 毫米、2 毫米一個點地進行複探』，結果證明我們的焊接品質完全滿足了他們的設計要求。這揭示了我們振華核心競爭力的又一個層面——我們有一支吃苦耐勞、技術又精湛的藍領隊伍。」

振華取勝，不僅贏在勇於創新的科學進取精神，也贏在吃苦耐勞、堅信用奮鬥改變自身命運的中華民族優秀傳統。

「在鹹水裏煮過三次」的初心

不是所有經歷了苦難的靈魂都偉大，但偉大的靈魂大多經歷過時代的苦難。

「曾經，所有的同事都害怕和我沾邊，哪怕親友，只有母

管彤賢舉目遙望，思緒萬千。　　　　　　李學民 攝

親始終和我保持聯繫。」管彤賢特有的男低音變得溫柔起來，「我母親很愛我。我 46 歲才結婚，也是她給我找的對象。」

　　他的好朋友多次和他聊起黑土地。也許，換了別人，會理所當然地更多述說在興凱湖遭遇的種種磨難。而管彤賢則不然，他很少說起這些。他說的是，為甚麼新開墾的生地要先種小麥，種了一兩年小麥之後才能種粟米；粟米和小麥在耕種和收成上有甚麼不同……就像一位農藝師。

　　他說：「我那時每月也有三十多斤定量，但沒有油水，年紀又輕，一天吃一斤窩頭也還是餓，但我們隊友之間都非常照顧。我餓的時候，就有人省下來給我一個窩頭。」

　　不知道是不是那歲月深處的一個個粟米麵窩頭，讓一個原本京城裏的大學生懂得了生活的艱辛和人性對溫暖的渴望？

　　也許，不僅是家人之愛，所有的鄰里相幫、同事之情，本質上都是一個生命與另一個生命的相濡以沫，都是一個靈魂向另一個靈魂的致敬。

　　誠如托爾斯泰所言：「在清水裏泡三次，在血水裏浴三次，在鹼水裏煮三次，我們就會純淨得不能再純淨了。」

　　振華的員工，從總裁、副總裁到「科技功臣」，所有人說

起管彤賢有一句話肯定是一樣的：「老管這個人沒有私心。」

「沒有私心」，尤其是一位領導幹部能「沒有私心」，確實太可貴了。因為，曾幾何時，權力可以異化成「私心」的通行證。而這位曾經的世界上最大的港口機械製造企業的當家人，為何能不放縱自己的「私心」呢？

「我的經歷一直在提醒我：福禍相依。《左傳》裏有一句話：『多行不義必自斃』，以權謀私，是福是禍？違法亂紀，沒一個會有好下場。」管彤賢說這話時，他又濃又粗的雙眉雖已花白，卻依然根根豎起，英氣不減，「中國文化歷來強調『天人合一』、『天時地利人和』，振華再成功也不可能是個人的功勞。振華成功的『天時』是甚麼？是時代的大潮。從國內來說，正趕上小平同志南巡講話，改革開放風起雲湧；從國際來說，就是在集裝箱技術助推下，經濟全球化的興起，超巴拿馬船型的誕生，從而引發了世界性的集裝箱碼頭建設熱潮，由此給了我們企業發展巨大的空間。我們只是順應時代大潮，做了力所能及的本分事，以『工業報國』的行動來實現振興中華的夢想。」

這大概就是「在鹼水裏煮過三次」的初心吧！

極光，是一種奇幻壯麗的自然天象。

近年來，在前往南北極探險旅遊的團隊中，總少不了國人興奮的面龐。極光，是他們響應南北極召喚的美麗動因之一。

但是，夜空中絢爛的極光，在研究極地大氣和空間物理的科學家眼中，除了美麗，還意味着甚麼呢？2017年春節前夕，中國南極科考第32次越冬隊伍回國，其中就有在漫漫極夜中每天與極光為伴的中國極地研究中心科學家李斌。2018年冬天，這位年輕的高空大氣物理研究者、空間物理學博士，又成了一位既在南極中山站越冬、又在北極黃河站獨自一人越冬的極地科學家。

極光是唯一肉眼可見的空間天氣現象。地球磁力線對空間等離子體的引導作用，使極區成為空間環境的天然「顯示屏」，而極光則是空間天氣神奇的「動畫」。對極光的綜合觀測，是各國極地科考活動中的重要科考項目。

從 1989 年中國第二座南極科考站 —— 中山站建站起，我國就啟動了這項研究，距今已逾三十年。在近 7 年來實施的「南北極環境綜合考察與評估」專項考察中，極光的觀測研究也是重要內容之一。

李斌清晰地記得，2016 年 3 月 4 日中午，「雪龍號」科考船撤離南極中山站的時刻終於來到了。

停在中山站綜合樓前機坪上的紅色「卡 -32」直升機旋翼颳起陣陣巨風，宣告前往幾十公里外「雪龍號」南極科考船的最後一個航班即將起飛。

中國南極第 32 次科考隊領隊秦為稼最後一個登上直升機。直升機似乎有些戀戀不捨地緩緩起飛，秦為稼隔着艙門先是向他們揮手道別，然後雙手握拳高高舉起，那意思就是：中山站就託付給你們越冬隊員了！直到這時，「真的要在南極越冬了」的感覺才湧上李斌的心頭。

「我不必苦等極光抵達，而是靜候它現身」

2016 年 3 月 1 日起，抵達中山站的李斌與度夏隊員進行緊張的交接工作。這是李斌首次參加南極科考，在中山站的頭一個月，他完全沉浸在對新設備的熟悉、調試等緊張的工作中，等他稍稍定下心來，發現太陽已經不太能升起在冰蓋上，轉眼就進入南極的極夜。

李斌這批越冬隊員總共 19 人，分為科研和後勤保障兩大部分。由於南極冬季的氣候條件極為嚴酷，所以負責發電、機械維修等後勤保障人員有 12 人；科研人員為 7 人，分別負責海冰和氣象觀測、地球物理觀測，以及高空大氣和空間物理學研究等方面。李斌負責高空大氣和空間物理學觀測，觀測極光是他的主要任務之一。

李斌每天的工作從檢查高頻雷達、多波段全天空成像儀、極光光譜儀、磁通門磁力計等十多套科研設備的觀測情況開始，還要細心地下載所有的觀測數據，做好多點備份。當極光將要發生時，他通過「太陽的高度角」（太陽與地平線的夾角）來判斷何時開啟 4 套光學觀測系統，在天氣條件允許的情

況下，只要太陽的位置低於地平線 8 度時，他就立即開機。通常，他每天工作到晚上 12 點，但在南極極夜最長的日子裏，也就是 6 月 21 日仲冬節前後，他對極光的觀測會從前一天下午 2 點持續到次日上午 10 點，近 20 個小時。

強烈的極光活動與太陽日冕物質的拋射關係十分密切，日冕物質被拋射後，運動速度非常快，日地間衛星曾觀測到超過 1000 公里／秒的電子流，這速度是平常太陽風速度的 2 倍，只要科學家用儀器觀測到日冕拋射現象，就可以對極光的發生進行提前預報。

不僅如此，位於日地間引力平衡點的太陽監測衛星 ACE，更是像地球的守門員一樣，為科學家實時監測太陽風所帶來的高能粒子流、等離子體的密度和速度等資訊。ACE 衛星發出強烈太陽風到來的資訊幾十分鐘到數小時後，地球南北極高空就會對太陽風的到來做出反應，其主要表現就是強烈極光的出現。太陽風抵達地球南北磁極上空後，還會引發地磁場的強烈變化，所以磁通門磁力計等設備也會近乎實時地告知極光的出現。所以，李斌說：「我完全不必在寒夜中苦等極光的抵達，而是靜候極光的現身。」

「南極氣溫 -44.5℃，那是徹骨的冷」

近年來，國家對極地科考投入了大量經費，中山站的硬件條件和過去相比有了很大改善。

互聯網已經接入了中山站，讓越冬不再意味着「漫漫長夜與世隔絕」。在中山站，越冬隊員可通過互聯網收看影片節目，和遠方的親友視像通話，一解思念之愁。

中國聯通已在中山站建立了基站，越冬隊員使用聯通手機撥打上海的電話，按市話收費；撥打國內其他城市電話，按國內長途計費。這項特殊的資費優惠，讓從國內多個省市匯聚而來的越冬隊員獲益多多。

在中山站綜合樓的一樓，有一個標準的羽毛球場，「我們站長湯永祥經常帶我們打羽毛球，」李斌特別滿意的是，「羽毛球場是木質地板噢。」

伙食和過去相比也有了很大的改善。雖然「雪龍號」回國後不久，新鮮的綠葉菜就沒有了，後來馬鈴薯也沒有了，「但我們這次從國內帶來的紅富士蘋果特別好，一直供應到越冬結束。聽說過去越冬隊員的即食麵都是限量供應的，而現在肉製

守候中國南極科考站，
守候南極極光。

　　　胡紅橋 攝

品都管夠。在綜合樓一樓還有個小溫室，可以種植水培蔬菜。」他說。

水培蔬菜由身兼多職的站醫陳俊負責澆灌。「我們的水培蔬菜有生菜、黃瓜、茼蒿、番茄、南瓜、芫荽、香葱等十多種。黃瓜和生菜長得最快，生菜一週可出產 2 ～ 3 公斤，給大家炒一盤，或涮火鍋吃。」

所謂「水培蔬菜」，是指那些不是在農田裏或塑膠大棚的土壤裏種植出來的蔬菜，而是「種植」在特殊的蔬菜培養液裏的蔬菜。

和曾在南極越冬的胡紅橋研究員聊起「在南極最喜歡吃甚麼」的話題，他毫不猶豫地說：「蔬菜！水培的蔬菜我們就直接生吃了，根本不用燒。」

李斌認為最稀罕的可能是西瓜了：「整個冬天，西瓜就結了幾個。多大？比乒乓球稍大一點，摘 2 個西瓜，切成 20 片，每人一小片，多一片給過生日的人吃。吃的時候，每個人先端起來聞一聞香味，再拍張照，最後放進嘴裏，不能一口嚥下去，要慢慢體會新鮮西瓜的滋味……」產自南極的西瓜，個頭雖然小，但還真的是很讓人嚮往啊！

　　儘管物質條件確有改善，但極地的嚴寒形勢依然嚴峻。這次越冬，李斌他們經歷了最低氣溫 -44.5℃的考驗。那是 2016 年 6 月的一天，極寒讓中山站發電機組使用的 -40 號柴油都「結蠟」了，而應急用油只夠維持一天，可誰也不知道氣溫何時會回升到 -40℃以上。於是全站人穿上最厚的冬裝在雪中為發電機組搬運航空煤油，「-44.5℃，那是徹骨的冷，」李斌說，「好在發電機沒有停。」

　　還有一次，高頻雷達的一個元件出了故障。經與生產商遠程會商，李斌不僅準確判斷了故障原因，還在齊腰深的積雪裏撲騰了個把小時，才到達高頻雷達控制室並安裝好了新的元器件。

也許將來，人類會去太空看木星的極光

　　為甚麼我國極地科學家要到遙遠的南北極「看」極光？

　　中國是個中低緯度的國家，平時很難看到極光。英文「aurora」的原意是「黎明女神」，將極光稱作「aurora」最早出現在 1619 年，是意大利偉大的天文學家伽利略首次使用的。

但伽利略對極光的認知卻不正確，他認為極光是「大氣反射的太陽光」。直到將近 300 年後，1913 年，挪威科學家勃開蘭特在一個真空腔內將加速的電子束射向中間的磁球，才完成了首次人造極光的實驗，得出了「極光是（場向）電流通過高空大氣時產生的」結論。直到今天，所有的挪威人也都認識這位百多年前的勃開蘭特大師，他的頭像就印在挪威 200 克朗的紙幣上。

極光的能量源頭是太陽，太陽在輻射電磁波的同時，無時無刻不在向周圍空間發射各種粒子，我們通常將這種現象形象地稱為「太陽風」。極光的產生，正是「太陽風」將具有一定能量的帶電粒子吹到地球後，這些帶電粒子沿着地球南北磁極的磁力線分別沉降到極區電離層高度後碰撞並激發高層大氣粒子成分（包括原子、分子和離子等）後產生的一種絢麗多彩的天象。所以極光的形成，三個要素缺一不可：太陽風、地磁和大氣層。太陽日冕物質拋射，產生強烈的太陽風暴，一旦太陽風暴撞擊到地球磁層，引發劇烈的地磁暴和強烈的極光產生。簡言之，太陽風抵達地球的強度，決定了極光發生的劇烈程度。

太陽系的其他行星上其實也會有極光，但人類只有通過太

空望遠鏡或航天器上的觀測設備才能觀測到，比如土星和木星上發生的極光。由於土星和木星有着比地球更強烈的磁場，所以有科學家發現，木星發生的極光曾比地球極光明亮數千倍，其覆蓋的範圍也比地球極光所覆蓋的區域大得多。也許將來人類看極光，不是去南北極，而是去太空看木星的極光。

曾有極光愛好者問李斌，為甚麼有的人到了北極圈內、南極圈裏，卻看不到極光？

李斌說，我們先要了解一個非常重要的概念叫「極光帶」。我們知道地球的南北極點通常指的是地球自轉軸（也叫地理軸）的兩端，但地球還有一個地磁軸，它與地理軸並不是重合的。在地球形成的漫長年代裏，地磁軸是漂移變化的，目前它與地理軸呈11度的夾角。極光發生多在以地磁軸為中心的一個卵狀環帶上，這個卵狀環帶我們就稱為「極光帶」，它覆蓋的區域為極光高發區，其地磁緯度為60～75度。所以在磁極點附近反而看不到極光。而且，這個環帶的寬窄並不是均勻的，環帶靠近太陽這一側（簡稱「日側」）會窄一些，而背對太陽的夜晚這一側的環帶（簡稱「夜側」）會寬一點。因此，根據地球與

韓德勝研究員在南極科考時正與風雪搏鬥。　　　陳志兵 供圖

太陽的位置，極光又可分為「日側極光」和「夜側極光」。
通常，極光的亮度總的取決於高空沉降粒子通過的數量
（專業詞彙為「通量」），但「夜側極光」的亮度比「日側極光」的
要亮些。所以，要看極光的最好位置，是到南北極的極光帶覆
蓋的區域去，而不是南北極的地磁極點。因為北極的地磁極與
北極的地理極相差大約 8 度，並往美洲方向傾斜，所以在北極
點位於極光帶內部的極蓋區，不常看到極光，反而是緯度更低
一些的地區常常能看到極光；而南極點大約處於南極地磁緯度
的 74 度，為極光帶所覆蓋，正好可以看到極光。

　　極光的分類有不同的標準。據其形態，主要可以分為兩
種：分列式極光和瀰散式極光。我們通常可以用肉眼看到的極
光都是分列式極光，瀰散式極光用肉眼看上去如同一層薄霧，
很難觀賞。

　　既然極光是帶電高能粒子與地球高層大氣中的分子和原
子互相碰撞所產生的氣體發光現象，而地球大氣主要由氮氣和
氧氣構成，所以極光的色彩也主要來源於它們。極光不同的顏
色可以反映產生它們的沉降粒子的能量大小以及分佈高度。例
如，紅色極光由能量相對較低的電子沉降產生，發生的高度在

離地面 200 公里以上；而綠色極光由能量相對高一點的電子沉降產生，發生的高度在 100 ～ 200 公里的空中。

　　極光的產生與地磁活動有關，地磁活動越強烈，極光覆蓋的卵狀環帶區域也就越大；反之，地磁活動越小，極光分佈的區域就越小。漠河的地理緯度在 53 度左右，是中國緯度最高的縣，但它的地磁緯度只有 47 度左右，離極光卵覆蓋的區域太遠。只有太陽風非常強烈，在地球上引發強磁暴，極光卵的半徑變大、寬度增加致使覆蓋更多的低磁緯度地區時，我國漠河地區才可以看到極光。

　　日地空間是人類空間活動的主要領域，已經成為與人類活動息息相關的第四生存空間。而南北極區是日地空間的關鍵區域，地磁場在極區近乎垂直地進出並向外一直延伸到磁層和行星際空間，使極區成為地球開向太空的窗口，太陽風能量和粒子進入地球空間的入口，還是太陽風－磁層－電離層耦合最直接的區域。因此，極區對太陽活動的響應更為直接和劇烈，對空間天氣事件也有着最靈敏的響應和顯著的反饋。極區空間環境的觀測與評估同國民經濟建設和國家空間安全有着密切關係。如我國的氣象衛星、資源衛星和海洋衛星，大多採用極地

太陽同步軌道，每天 14 次經過南極和北極，其運行狀態和壽命受極區空間天氣和近地空間環境影響很大。還有跨北極空中航線，可以有效縮短亞洲、美洲和歐洲之間的空間距離，但面臨着極區通信與導航，以及高能粒子沉降所產生的輻射問題。

胡紅橋介紹說，我國目前進行極光觀測主要在南極中山站和北極黃河站，這兩個站位於地球極隙區緯度並地磁共軛，對監測太陽風 – 磁層相互作用、磁層動力學過程及其在極區電離層的響應十分有利。未來，我國的極光觀測範圍將拓展到南極內陸的泰山站和崑崙站，以及處於亞極光帶的長城站，並通過國際合作形成觀測網鏈。在北極，也將與極光帶下的冰島籌建中冰聯合極光觀測台。

「醫療資源共享，那是南極規矩」

就在離中山站不到一公里的地方，有個俄羅斯的「進步站」。

「『進步站』承擔着給俄羅斯另一個內陸站『東方站』提供機械和應急支援的責任，所以他們對雪地大型機械的保障維修

中國直升機跨越南極冰原。

穆連慶 攝

力量特別強，而直接從事科研的專家人數不多，」李斌說，「有一次，氣溫降到接近 –40℃，我們的一台雪地車怎麼也啟動不了，於是請俄羅斯機械維修師幫忙，開始他們也修不了，後來千方百計將雪地車拖到進步站的車庫，在雙方共同努力下，經過兩天的維修，雪地車終於能重新上路了，這方面他們確實比我們有經驗。」

各國的南極科考站之間的相互幫助是常態。

離中山站十多公里遠的地方有個印度巴拉提站，2016 年 11 月 10 日，一位印度隊員駕駛一輛雪地摩托從約 6 米高的冰面上翻車，嚴重受傷。因事發地離中山站較近，印度站立即向中山站求助。

各國科考站的醫療資源都有限，因此一旦有事，必須資源共享，這是南極的規矩。中方毫不猶豫地承擔起應盡的義務，向傷員提供支援。

來自南昌第一醫院的外科醫生陳俊檢查傷員後發現，他恥骨、盆骨和左手尺骨等多處骨折，處於休克狀態，病情嚴重。陳俊立即為病人做了腹部 B 超和彩超，拍了 X 光片，所幸的是，檢查結果未發現病人內臟受傷，腹部也沒有大出血，他決

定立即輸液、縫合傷口，之後進行保守治療。同時，中山站還派車前往俄羅斯進步站，接來了俄羅斯站的醫生，這位俄羅斯醫生曾是戰地軍醫，很有經驗。中、俄、印三國醫生會診後，一致同意陳俊的診斷治療方案。

「傷員必須一週內動手術。」陳俊讓擔任翻譯的李斌告訴印度站站長。印度站站長立即向國內申請提前航班的日期。

4天3夜後，印度傷員和陪同人員離開中山站，乘機前往南非。「聽說，傷員後來在開普敦的醫院裏開了3次刀。」陳俊說。

「我們的夏至日是南半球極夜最長的一天，它意味着越冬任務完成了一半。南極科考隊員將這天稱為『仲冬節』，各國的科考隊都對仲冬節特別重視，大家會各自拍張團體照，然後互相發送，中、俄、印三國科考隊還會在我們中山站聚餐，氣氛特別好。」

「過去，中俄科考隊之間最好的禮物是紅星二鍋頭。現在進步站隊員特別喜歡我們的陝西紅富士蘋果，巴拉提站隊員也一樣喜歡蘋果，所以我們的紅富士蘋果在南極是最受歡迎的『硬通貨』。」李斌說起這點很自豪。

中國南極科考基地。　　　　　　　　　　　　　　　穆連慶 攝

南極洲，也沒有天上掉下來的「話語權」

其實，在中國科考隊於 1984 年 11 月 20 日首次赴南極科考之前，國際上已有百多年的南極科考史。南極洲的地圖上，已經綴滿了成百上千個以各國探險家的名字命名的南極地名，每個地名都意味着無數次驚心動魄的歷險和為此捐軀的勇士。而當時整個南極洲，沒有一處以中國人姓名或華夏山水命名的地名。

如今，南極大陸上不僅已經有長城站、中山站、崑崙站、泰山站這 4 座中國的科考站，還有了「長城灣」、「西湖」、「高山湖」、「黃鷗湖」、「龜山」、「平頂山」……我國又一座新的南極科考站已於 2018 年 2 月 7 日在南極羅斯海區域沿岸的恩克斯堡島奠基。

曾參加我國南極首次科考的《文匯報》特派記者陳可雄說：「南極洲，是我們中國人不能不去的天涯海角。」

在我國尚未向南極派出科考隊、建立科考站之前，雖然我國已加入了《南極條約》，卻沒有南極條約協商國的地位。每逢協商國會議要進行投票表決時，沒有表決權的中國代表團總被

客客氣氣地請到外面「喝咖啡」。

即使遠在南極洲，也沒有天上掉下來的「話語權」。

科學考察站是人類在南極考察和科研的支撐平台。目前世界上已有 20 多個國家在南極洲建立了 150 多個科考基地，如此眾多的科考站，使科學家們得以不間斷地開展科學考察，以及環境觀測與監測工作。

國家海洋局極地考察辦公室主任曲探宙介紹說，我國長城站和中山站均為常年科考站，長城站雖然建在南極洲，但地處 62° 12′ S、58° 57′ W，仍在南極圈外，而建於 1989 年 2 月的中山站雖然地處 69° 22′ S、76° 22′ E，位於南極圈內，但這兩站均在南極大陸的邊緣地帶，不能滿足深入南極內陸科考的需要。為此，我國於 2009 年 1 月 27 日建成了第 3 座夏季科考站，即崑崙站，該站的經緯度為 80° 25′ S、77° 06′ E，地處南極內陸冰蓋最高點——冰穹 A 的西南方向約 7.3 公里。

曲探宙說，泰山站位於中山站和崑崙站之間。距中山站 520 公里，距崑崙站 715 公里，距「盛產」隕石的格羅夫山地區 85 公里。它既可以為中山站通往崑崙站、格羅夫山、埃默里冰架區域考察提供中繼支撐、應急保障以及航空地面支撐，也

是進行地質、冰川、測繪、大氣、地磁、衛星遙感等科學考察工作的理想之地。過去，我們前往崑崙站的科考隊要把所有的物資連同返程用的油料，一路拉到崑崙站，然後再把返程需要的油料和一些不需要的物品拉回來，這無疑增加了車隊的運輸負擔和能源的消耗。

建設我國第 4 座南極科考站 —— 泰山站，就是為了滿足我國全球變化科學研究的發展對南極地區研究的需求，以提升我國南極科考的總體水平，以及對人類和平利用南極的貢獻率。

我國的第 5 座南極科考站 —— 羅斯海新站，於 2018 年 2 月 7 日在恩克斯堡島正式選址奠基，目前臨建已經基本完成。

泰山站，站在一塊 1900 米厚的冰蓋之上

泰山站的建設花了多少天？

來自寶鋼工程的建設管理者葉超說：僅僅 45 天。這寶貴的 45 天，是南極大陸的夏季，泰山站一帶的氣溫由冬季的 -60℃上升到 -30℃左右，肆虐的暴風雪也減弱了不少。由於地軸傾斜，這段時間南極處於極晝中。而夏季結束後，太陽

的直射點迅速向北遷移，漫長的極夜說來就來，任何工程都無法進行了。

2013 年 7 月，寶鋼工程正式承接設計和建設泰山站的任務。當年 12 月 2 日，建設者乘坐「雪龍號」抵達中山站。

由於海面冰層無法承受雪橇重量，之後的十多天裏，施工器具、建築材料和人員先通過直升機吊運到十幾公里外的出發內陸基地，再通過雪橇車運往 520 公里外的建設工地。

從施工那天開始，全體建設隊員分為三班，日夜倒班，輪流作業，好在正逢極晝，太陽永遠在天上。

建偌大個泰山站，有多少人手？

只有 28 人！建設隊伍如此精幹，不僅是因為技術的進步，還因為建長城站時，科考隊由 2 艘萬噸輪組成，而這次僅一艘「雪龍號」，名額限制得很緊。於是，這 28 名勇士人人都成了「多面手」，除了施工，他們還要輪流負責開車、水電安裝、構件安裝和室內裝飾等工作。

泰山站所在的伊麗莎白公主地，位於南極洲的東面，平均海拔 2600 多米，這片區域終年為冰雪覆蓋，沒有一塊裸露的巖石。冰下地形平坦，雪丘高度很少超過 20 厘米，坡度約為

0.35 度，冰面光潔，雪層密度較高，沒有動物能在此生存，也沒有植物生長發育，常年風雪肆虐。泰山站，就要扎根在一塊 1900 米厚的冰蓋之上。

作為一座建在雪地上的、沒有「着地」的建築，地基處理成為了施工中最先遇到的難點。建設隊員首先開展泰山站的冰基建設。即在冰面上挖一個面積 200 平方米、深 2 米的基坑，並採用創新的筏板技術、結構找平技術等，使泰山站能夠牢固地矗立起來。然而，當基坑挖到 1.5 米時，他們意外地發現基坑內出現了 4 條冰裂縫，最大的裂隙達到了 20 厘米。

冰層上出現如此大的冰裂縫，究竟是板塊運動所致，還是熱脹冷縮導致的表面開裂？若是前者，則意味着這裏可能會有地震的危險。

隊員們隨即開展了冰裂縫查探工作，發現這些裂隙的方向並不規則，位置也在淺表，因而判定是冰層表面開裂。

於是，隊員們對基坑內的冰裂隙進行挖深、回填、壓實處理後，繼續按照設計圖紙作業。

「中國紅燈籠」，冰原上的現代「高腳屋」

在克服了種種國內施工難以想像的困難之後，2014 年 2 月 8 日，泰山站落成竣工了。它的外形是富有流線感的圓形，頂端有形似「燈籠帽」的觀測台，底部架空，遠看彷彿一盞紅色的燈籠高掛在南極的冰天雪地中。因此，泰山站擁有了一個暱稱：「中國紅燈籠」。

泰山站的設計者之一孫緒東介紹，泰山站採用鋼框架－支撐結構體系，主體建築裏面分為 3 層，底層儲物，中間層住人，頂層用於科研和觀測。

主體建築離雪面總高約 11 米，雪面下還有 1.7 米深的框架柱腳。8 根直徑 500 毫米的圓管柱，托起了「紅燈籠」的主體。泰山站的外形，並非是為了「中國元素」而人為地將它設計成「紅燈籠」，而是因為沒有棱角的圓形設計，能增加泰山站的抗風能力，與古人的「紅燈籠」設計不謀而合。其底部 2 米高的架空，則是為了防止積雪。這是因為在南極，極端下降風的風速可達到每秒 60 米，2 倍於 11 級颱風的最大風速。如果建築緊貼地面，南極的暴風雪能輕而易舉地將其掩埋。早先，南

極的探險家在南極建科考站時沒有這方面的經驗，一場暴風雪後，積雪封門，被困站內。而南極這樣的環境裏，也沒有四鄰八舍能及時前來相救。泰山站的架空設計，其實也借鑒了我國先民所建「高腳樓」的思路。

南極嚴酷的自然環境，對建築使用的鋼材更是考驗。泰山站夏季的最低溫度是 −30℃，冬季為 −60℃，相比起來，同在南極的長城站夏季的最低溫度為 −2.7℃，即使冬季的最低溫度也僅 −26.6℃。一般的城市建材根本無法在南極內陸留存：水汽滲入混凝土後會結冰，使其因體積膨脹而發生爆裂，這叫「凍融」；塑膠電線會擰成麻花狀，一折就斷，這叫「冷脆」；而即使是全鋼彩塗板外牆，沒有幾年也會被當地極強的紫外線侵蝕剝盡，像沙土一樣落下。

建設泰山站，使用了最好的鋼材。一般的耐低溫鋼材最多只能耐受 −40℃的低溫，而南極內陸的溫度在 −60℃到 −15℃之間波動。在這樣的極端低溫下，普通鋼材會很快出現收縮和冷脆現象，而建設泰山站的鋼材最低耐受溫度達到 −100℃至 −70℃。

此外，泰山站的外牆還塗上了特殊的塗層。由於南極的大

氣潔淨、雪面反射強，紫外線當量全球領先。寶鋼工程的施工勇士周靈介紹說，一般的鋼板塗層難以抵擋如此強的紫外線，會很快褪色、粉化。而泰山站的彩塗板上塗有一層氟碳塗層，可以有效抵擋南極紫外線的照射，被稱為南極建築最好的「防曬霜」。

建築保溫仍是泰山站最重要的要求。泰山站整體採用鋼框架結構，而鋼材的熱傳導系數很大，為了將冷空氣阻隔在外，設計者們採用了「冷橋阻斷技術」。如果將泰山站的牆面剖開，可以清楚地看到這種複雜的保溫技術：

最外面一層是具有複合保溫效果的夾芯板，它由氟碳塗層的彩鋼板和聚氨酯保溫層複合而成；中間是用來阻斷冷橋的木龍骨；再往內是鋼骨架；室內牆面則採用了巖棉夾芯板，這種材料不僅保溫，而且防火。建築的門窗也均採用了特殊的保溫材料。

泰山站建成後，正常情況下室內溫度可以達到20℃，供暖系統的餘熱還可以加熱水溫，為隊員們創造洗澡的條件。

所有的這些建築材料，都在國內的工廠加工完成，經過預拼裝，並完成相關聯動檢測，最後再打包裝箱，運往南極後

中國南極科考泰山站誕生在亙古冰原上。

上海寶鋼建築工程設計有限公司 供圖

重新拼裝。這種建造技術，被形象地稱為「像造汽車一樣造房子」，極大地縮短了工程週期，也是實現 45 天內建成泰山站的關鍵技術。

「所有的材料，必須不多不少。所有的尺寸，也必須精確吻合。」葉超強調，「缺一根螺釘都不行，南極沒有地方可以買。」為此，在打包前，每個零件都要進行詳細編碼。

鋼材遇冷時伸縮性很強。鋼材在上海常溫下量定的尺寸，在南極遇冷後收縮了怎麼辦？寶鋼人想出了妙招：將建材裝配的螺母孔加工成橢圓形，預留了收縮變形的餘地。

朗伊爾城，最「北」的人類聚居地

2018 年 10 月的一天，李斌由上海浦東機場啟程遠赴坐落在遙遠的北極圈內的中國黃河站。當他乘坐的寬體客機告別登機橋，滑過聯絡道，在跑道的一端加大油門轟鳴着漸漸拔地而起時，李斌內心並無遊客初次奔赴北極都有的新奇感，或是對即將獨自一人擔當黃河站所有科考任務的不安和焦慮，心裏更多的是對夫人和降臨人世才 3 個月的兒子瑞瑞的不捨和牽掛。

　　早在 2012 年還在瑞典皇家理工學院攻讀空間物理學博士時，李斌就已經去北極圈內斯瓦爾巴羣島上的挪威科考站實習過了。

　　第一次在北極圈內看極光的經歷令他終身難忘：他和同學從斯瓦爾巴羣島的首府朗伊爾城坐車去觀測站，一路上只見到夜空裏的極光若有若無，不由得擔心此行能不能看到真正的、像綠色的閃閃發光的絲綢一樣美麗的極光。車到觀測站，極光竟然褪去了。他們只得在觀測站守着，就像熱戀中的小伙子等待一位心儀已久卻總是姍姍來遲的女友，焦慮而不安。等了好久，突然有同學喊道：「極光出來了！」這句話瞬間將他們引爆，李斌激動萬分地套上羽絨服，抓起相機就和同學一起往外衝。因為只顧抬頭看極光，一下子掉進了一個有一兩米深的雪溝。好在雪很厚，心情又太激動，他都沒顧得上疼不疼，爬起身趕緊給極光拍照。

　　「如果你在極地看極光，那極光就像一場球幕電影。籠罩整個夜空的極光，佈滿你的視野。當極光在無窮無盡的天際舞動時，你絕對為之震撼。」李斌回憶說。

　　李斌這次行程，是先從我國上海前往德國的法蘭克福，再

從法蘭克福轉機至挪威的奧斯陸，然後從奧斯陸飛往斯瓦爾巴羣島的朗伊爾城。

「不久前，我在網上看到有網友說『斯瓦爾巴羣島是中國在北極圈裏的一塊海外領地，所以中國能在島上建考察站』，這完全是誤解和誤傳。」李斌鄭重其事地說，「斯瓦爾巴羣島是在 12 世紀由挪威人最早發現的。1920 年，在海牙國際法院的主持下，由 51 個國家簽約通過了《斯瓦爾巴條約》，確立了挪威對斯瓦爾巴羣島的主權和管轄權，且規定該羣島為自由貿易園區及非軍事區，而所有的簽約國公民均可自由進入，在遵守挪威法律的範圍內從事正當的生產、商業和科考活動。該條約於 1925 年 8 月生效。中國也是當時這 51 個締約國之一，因此，中國有在該羣島建立科考站的權利，中國公民前往斯瓦爾巴羣島也不需要當地簽證。但斯瓦爾巴羣島不屬於申根區和歐洲經濟區，當我抵達朗伊爾城後，出機場時護照上要加蓋一個章，證明我已離開歐盟。」

朗伊爾城堪稱最接近北極的人類可居住地，現有 2000 ～ 3000 名居民，還有 1 座機場、1 所大學（斯瓦爾巴大學）、1 座美術館，以及 1 座現代化的大酒店和 4 家小旅館。郵局和超市

都常年營業，足以滿足當地居民和世界各地來此科考的科學家們的需求。

之前，朗伊爾城最發達的是礦業，而如今絕大多數礦業公司均已關閉，當地的議會和市民更希望朗伊爾轉型升級為一座北極圈內的「大學城」。

黃河站的所在地新奧爾松，距朗伊爾城還有 45 分鐘的航程，緯度比朗伊爾城高 1 度。那架前往新奧爾松的兩個螺旋槳的小飛機，是李斌有生以來坐過的「最小的固定翼飛機」。十多名乘客分坐客艙兩側，坐在倒數第二排的他，透過飛機中間的過道和敞開式駕駛艙，可以清楚地看到機長的後背以及駕駛台上的各種儀表盤。這架小飛機沒有增壓系統，機體的密閉性和隔音性能顯然不能與波音、空客的客機相比，所以給每個乘客發了耳塞。

「小飛機沒經過多遠的滑行便一下子拉起來了，」這讓李斌印象頗深，他說，「我在空中體驗了各種『超重失重』，確實比去迪士尼樂園玩還要刺激。」

45 分鐘後，小飛機終於有驚無險地降落在新奧爾松。

那是 2018 年 11 月 5 日，經緯度是 78° 13' N，15° 33' E。

黃河站，觀測 1000 平方公里天空的極光

　　從新奧爾松機場出來，向左轉個彎，就是機場的候機廳。候機廳裏有扇很有特色的門，上面貼滿了來過新奧爾松的各個國家的科考隊和科研機構的標誌，李斌看到其中有中國、韓國、意大利、德國等國科考隊的隊標，以及中國中央電視台（CCTV）的標誌等等。

　　這扇門是新奧爾松當之無愧地成為「極地科考小鎮」的縮影。百多年前，這裏還只有一座煤礦。而如今，煤礦早已關門大吉。從上個世紀 90 年代起，不同國家的極地科學家紛至沓來，一個又一個科考站相繼落戶，而當年的煤礦主——挪威王灣公司則改弦更張，負責起整個小鎮的運營，成為給小鎮上所有科考站提供服務的「後勤保障大總管」。

　　黃河站建於 2004 年，它是一棟紅色的兩層樓房。黃河站非常好找，即使門口不掛牌子，所有人也都知道它是中國科考站，因為門口左右兩側各蹲着一隻石獅子，這是最具代表性的中國元素之一。

　　黃河站的這棟兩層樓房，要是放在國內的任何地方，看上

中國極地科學家李斌來到位於新奧爾松的中國北極黃河站。

李斌 供圖

去都有點像地鐵工地邊上的施工用房，毫不起眼。但在北極圈裏，在新奧爾松，對所有極地科學家來說，絕對是「獨棟豪宅」哦！要知道法德聯合科考站和韓國科考站，都擠在一棟樓裏。

李斌拉開黃河站的大門時，黃河站已經因度夏結束空關了幾個月。在此後的 4 個月裏，李斌是它唯一的主人。整棟樓的結構佈局有點像北京過去的「筒子樓」，兩層共有 20 多個房間，李斌的辦公室和臥室都在 2 樓。

但黃河站與眾不同的「精華部分」卻在樓頂的 5 個突出在外的「小閣樓」上，每個小閣樓上都有一個半球形的透明罩子，罩子下面是一台 1 米多長的相機，鏡頭的直徑有碗口大，學名叫「極光成像儀」，是專門記錄極光資訊的。

李斌抵達黃河站的首要工作，就是調試極光成像儀的硬件和軟件，直到能正常拍攝極光。拍攝極光時，他不用再爬到閣樓上，只要在 2 樓的辦公室裏遠程開機，點點滑鼠就行了。極光成像儀會自動記錄極光資訊，然後打包、上傳、發佈到中國南北極數據中心。這些極光資訊是公開的，全世界的極光研究者都可以向中國南北極數據中心申請下載。

黃河站可以觀測到多大範圍的極光？李斌說，黃河站的極

光成像儀可以觀測到周邊高度 100 公里以上、1000 平方公里範圍內的極光。通常，極光會在黃河站偏南方向的天空出現，所以在黃河站看極光要往偏南方向看。

在黃河站，還可以看到不同顏色的極光，有綠色的、棕紅色的，或者是藍色的、紫色的、紅色的極光。為甚麼極光的顏色會不同呢？李斌說：「太陽風將帶電粒子『吹』到地球上空，帶電粒子在地磁南北極的磁場引導下，撞入地球大氣層。帶電粒子如果撞上的是氧氣，極光就呈綠色或棕紅色；要是撞上氮氣，極光就呈紅色或藍色。通常，人們看到極光最亮的地方，是極光的底部，高度大約是 100 公里左右，綠色居多，再往上一直可以達到 1000 多公里的高度，最高的部分會有紅色、紫色等不同的顏色。所以說，極光的色彩反映的是我們地球大氣在不同高度層的分佈情況。」

100 公里高度以上的地球大氣層不是應當比較穩定的嗎？那為甚麼極光會在夜空舞動呢？李斌說：「極光的舞動，實際上反映的是磁場的運動。地球的磁場不是靜態的，它的能量非常大，雖然我們肉眼看不見它，但這巨大的能量是一刻也不停息地運動着的。誰持彩練當空舞？這彩練就是與不同成分的大

氣碰撞後的帶電粒子，我們稱之為『極光』，舞動它的能量，是送它來到地球的太陽風和引導它進入大氣層的地磁極這兩者的合力。」

但李斌在電腦屏幕上看到的由極光成像儀記錄下來的極光資訊，卻沒有肉眼看到的那麼精彩，「極光成像儀記錄下來的數據是黑白的，」李斌說，「成像儀會準確記錄空中各種不同波長的極光分佈，分別記錄綠色的、紅色的，或者紫色的極光在空中的變化。所有的遊客來北極看極光，總是希望極光越亮、覆蓋的範圍越大越好，但極光越亮、覆蓋的範圍越大，對地面和衛星通信、衛星導航的影響也就越大。太陽風暴極端強大時，甚至會摧毀地面電網的線纜。」

這是一個「理工男」、一個高空大氣物理觀測學家眼裏的極光。

一個人的 117 天，最難的是「黑白顛倒」

進入 12 月以後，新奧爾松也就進入了完全的極夜了。

極夜是有嚴格標準的，不是上午時天黑矇矇的就是極夜

了。「極夜的標準，就是當地時間正午 12 點時，太陽和地面的夾角小於 8°。」李斌說。

作為曾經的南極中山站的越冬隊員，他比較了北極黃河站的極夜和中山站的極夜有甚麼不同，「南極的極夜，地平線上還能看見一絲矇矇亮的微光，而北極圈裏的極夜就是徹底的一片漆黑。」

雖說黃河站位於北極圈內的高緯度地區，但天氣卻沒有南極泰山站這麼冷。泰山站的經緯度是 73° 51′ S，76° 58′ E，地理緯度比黃河站的 78° 13′ N 還低得多，但泰山站夏天的最低氣溫會低至 −30℃；而李斌越冬時的 2018 年 2 月，新奧爾松的最低溫度是 −14℃，其最高氣溫則達到了 4.4℃。「很多人過去憑直覺認為『北極肯定比南極冷』，現在要好好想一想：到底是北極冷，還是南極冷？除了經緯度，還有哪些因素在影響着氣溫的高低？」李斌說。

新奧爾松 2 月份的最高氣溫竟然高達 4.4℃，所以地球變暖、北極冰川融化，真不是科學家在嚇唬人。

在新奧爾松，只有黃河站的越冬，是李斌獨自一人全程堅守；別的國家的科考站，要麼是 2 ～ 3 個人值守，要麼是幾個

科學家分時段輪流值守。一個人值守 117 天，對李斌來說最難的是甚麼？

「最大的挑戰來自極夜，在任何時候看出去都是漆黑一片。」李斌說，「黑白顛倒是個嚴峻的考驗，用不了幾天，人的生物鍾就紊亂了。」

新奧爾松與上海的時差是 7 個小時。上海的上午 8 點，位於浦東的中國極地研究中心開始正常上班了，而李斌所在的黃河站還是深夜 1 點。

李斌說，通常凌晨 2、3 點之後，各種郵件就陸陸續續從國內發到黃河站了，李斌總要處理完這些郵件才能休息。沒多久，李斌的入睡時間就延遲到每天凌晨 3、4 點鐘。儘管睡得這麼晚，他每天還要用鬧鐘強迫自己醒來，因為必須去王灣公司的餐廳吃飯，王灣的餐廳是新奧爾松所有科考站的食堂，錯過了中午的飯點，就只能吃晚飯了。

王灣餐廳其實還相當於一家巴黎的咖啡館，其功能不僅僅是就餐、喝咖啡，更重要的是當地的社交中心 ── 不同國家的科學家在此見面、交流、聚會。在新奧爾松越冬的不同國家的科學家有三四十位，和文化背景迥異的科學同行交流，一旦有

困難相互幫助，讓李斌着實體會了一把「地球村」、「理想國」的感覺。

李斌第一次打開餐廳的門進去，首先看到的是一頭站着有2米高的北極熊在歡迎他。李斌不由得脫口而出：「好大一頭北極熊啊！」餐廳的工作人員連忙糾正他：「不，不，牠還是隻很小的北極熊，牠的爸爸一定要比牠高好多。」

早先，斯瓦爾巴羣島上的北極熊比人還多，北極熊有2000多頭，而當時人口只有500多。即使是現在，北極熊的數量有所下降，但依然是新奧爾松的常客。2018年夏天，北極熊光顧了新奧爾松這個小鎮18次。北極熊的主食是海豹，但由於氣溫升高，冰川融化，浮冰減少，令北極熊獵殺海豹越來越困難，飢餓的北極熊不得不頻頻闖入人類的領地艱難覓食。

因此，李斌抵達此地後，按規定先去接受了當地的安全培訓，安全培訓的後半段課程就是射擊訓練。他此前還沒有使用過美製來福槍，8發WIN308子彈，站立式和蹲式各打4發，結果全部上靶，各有3發5環以上，李斌心裏暗暗有點小驕傲。「但是，最後一項是應急狀態下的快速射擊，10秒鐘裏打4發子彈，竟然全部脫靶。可見萬一有北極熊朝人衝過來時，

王灣餐廳門口，站着一頭 2 米高的「北極熊」。　　李斌 供圖

要穩得住神，能打中目標是不容易的。」李斌說。

雖然如願拿到了持槍證，但這並不意味着他就有權向北極熊開槍了，只有遇到迫不得已的情況，人才能開槍自衞。「北極熊在通常情況下不會攻擊人，只有在成年北極熊帶着幼崽的情況下，或者人熊之間的距離過近，北極熊才會向人發起攻擊。當然，其結果對人來說絕對有可能是致命的。北極熊一旦決定攻擊人，通常事先不會發出警告，而是先悄悄地接近，然後猛撲過來。在 50 米的距離內，人絕對跑不過北極熊。所以培訓老師告訴我三點：首先，出門必須帶槍；其次，要隨時注意觀察，儘可能遠離北極熊，非萬不得已不得開槍；其三，一旦發現北極熊，必須儘快向小鎮上的 2 名安全員報告。」

所幸的是，李斌此行沒有和北極熊「狹路相逢」。但沒有看見北極熊，又成了他此行的一大遺憾。

在黃河站越冬的另一大遺憾是沒有 Wi-Fi，不能使用微信和藍牙。為了科學考察的需要，不能破壞北極圈內原生狀態下的無線電觀測環境，整個新奧爾松全年禁止使用無線電通訊設備。沒有 Wi-Fi，手機就不能上網，不能打電話，成了只能用來拍照的「卡片機」。為此，黃河站還專門配備了應急使用的銥

星電話。小鎮上的科學家和王灣公司之間，還可以使用有線電話和對講機通話。

工作之餘，越冬的科學家們可以到小鎮上的一個體育館去鍛煉身體，那裏有籃球場和健身房，李斌還在那裏學會了北歐人特別喜歡的室內曲棍球。

當然，體育館裏少不了桑拿，挪威人的習慣是在桑拿裏蒸到實在受不了了，然後赤身裸體一路狂奔幾百米到海邊，直接跳進冰海裏泡一泡。別說是極夜，你穿沒穿衣服別人根本看不見，就是大夏天的，挪威的科學家也是這樣跳進海裏的，有必要穿衣服嗎？亞洲人對「裸體」的羞澀常常讓挪威科學家不可理解，他會說：「你想想，陽光是多麼寶貴啊，人必須曬太陽的！」

在越冬期間，李斌還經受了一場暴風雪的考驗。當時，說是有一場十幾級的暴風雪要降臨新奧爾松，於是整個小鎮一級戒備，規定所有的人都不能外出。遠在上海的極地中心領導非常擔心他的安危，還關照他一定要把黃河站的客貨車和 2 輛雪地摩托鎖好拴緊，以免被暴風雪颳到海裏去。所幸的是，暴風雪過去後，人、樓、車都安然無恙。

「有一件事，沒來新奧爾松的人是想不到的，」李斌說，「新奧爾松的所有車輛都不上鎖，車鑰匙都是直接掛在車上的。為甚麼？就是怕萬一發生人熊突然遭遇的時候，人可以迅速躲進車裏，駕車撤離。同樣的道理，新奧爾松所有的科考站和建築，都是不鎖門的，任何人任何時間都可以拉開門進去躲避。為甚麼是『拉開門』，而不是『推開門』？這個問題問得好，那裏所有的房門都是只能拉、不能推的，因為人會拉門，而熊只會推門啊！」

（衷心感謝張小葉女士對本文的特別貢獻。）

20多年前，孫立廣教授帶領他的博士生謝周清跟隨中國第15次南極科考隊首闖南極，由此開創了極地生態地質學這一全新的科學領域。

20多年來，這個研究團隊已有50多人次先後去南北極科考。他們的研究對象自南極而北極，由南極而南海，探尋了一個又一個自然之謎。

孫立廣：

在極地冰雪中閱讀極地生態史

「企鵝行走時，直挺挺的，牠們的短腿好像沒有關節，一點也不靈活，企鵝是不是患上了氟骨病？」

「1965 年全球禁用 DDT（殺蟲劑）之後，南極冰源湖泊中沉積的 DDT 含量不僅沒有降低，反而上升了，這是為甚麼？」

「如果說已消失的瑪雅文明在海豹毛中留下了它的印記，您相信嗎？」

《風雪二十年：南極尋夢》，這本由中國科學技術大學地球與空間科學學院孫立廣教授在 2018 年推出的新書，提出的不少有趣問題幾乎涵蓋了我們印象中南極的最重要的標誌物：企鵝、海豹、磷蝦、冰蓋和南極氣旋。

1984 年中國首次南極科考時，591 名科考隊員中就有上海《文匯報》記者陳可雄的身影。30 多年過去，人們對極地科學家和極地科學的關注一如既往。

翻開南極生態地質學的「無字天書」

「南極的科考，沒有國內領先，只有國際前沿。」孫立廣教授說。

　　但要一步跨到國際前沿談何容易。1998 年 5 月的一天，孫立廣教授接到北京師範大學趙俊琳教授的電話：「孫老師，你願意參加南極科學考察嗎？」

　　這意外的驚喜開啟了孫立廣的南極之旅，也成全了一位地質科學家的極地之夢。

　　南極大陸的總面積相當於中國和印巴次大陸面積的總和，但限於當時的具體條件，他們能去的地方其實並不大，主要在長城站和中山站周邊。可就是這兩塊「巴掌大」的地方，也已經被幾十個國家的上千名科學家研究了很多年。

　　孫立廣長時間陷於「陽台面壁」：去南極研究甚麼？晚上獨自在陽台苦思冥想時，夜空中閃閃爍爍的星球提醒他：南極科學，本質上不也是地球科學的一個分支嗎？要在「大洋－巖石－土壤－氣旋－生物圈」的介面和邊緣上尋找科學問題。而生物圈裏最先在他腦海中跳出來的是企鵝，企鵝是南極的標誌性生物，牠們在海洋中捕食，在南極大陸邊緣的無冰區生活繁衍，企鵝通過捕食和消化的過程，把磷蝦和魚與牠們自身的糞便、羽毛和殘骨一起，留在了無冰區的陸地和集水區，與風化土壤和植被的殘體等一起保留在沉積物中，從而實現了跨越海

陸，甚至跨越大洋的物質大尺度循環。

這讓他豁然開朗。人們常說，「頭上三尺有神靈」；但對地質科學家來說，「地下三丈有記錄」，這是地球科學的魅力和地質科學家的信念。

孫立廣和趙俊琳、謝周清商定：就從南極無冰區的集水區沉積物着手，翻開南極生態地質學的「無字天書」。

但在長城站所在的菲爾德斯半島，集水區並不好找。孫立廣和趙俊琳在長城站科考的日子總共只有 100 天，時間緊迫，因此只要天氣情況允許，他倆都爬雪山過冰河，去尋找有企鵝糞沉積的集水區。

趙俊琳比孫立廣年輕十多歲，又是第 3 次來南極科考，經驗豐富的他每逢外出總是搶在前「探路」，讓孫立廣照着他的腳印走才更安全。

踏着趙俊琳的腳印前行，安全快捷多了，但雪地上的腳印讓孫立廣頓悟：「沿着前人的腳印走，永遠也走不出自己的腳印。」

南極無冰區的海岸邊通常是企鵝的聚集區，但那裏沒有發現理想的沉積層，這讓孫立廣他們焦慮萬分。

就在這次科考的第 97 天，孫立廣和趙俊琳在阿德雷島的一個凹谷中發現了 4 個小湖。會有所發現的直覺讓他們情不自禁飛奔而去。

果然，這不是尋常的積雪融化的小湖，水中還漂浮着淺粉色的絮狀團塊狀物質，企鵝糞就是這顏色！

挖！有難聞的氣味；再挖！泥沙的顆粒有粗細之分，且層次分明；一直挖到 40 多厘米深的地方，還沒有見底，一直挖到凍土層。

有氣味說明有腐爛的有機質，不論是企鵝的還是植物的有機質，都是解讀南極生態和氣候變化的重要材料。有深度，有層次，就有南極的生態史！

第二天，孫立廣帶領南極長城站的大隊人馬重返阿德雷島，在他命名的「雅湖」中，用貌不驚人的兩根 PVC 管子和一把大鐵錘，正式採集了 2 根湖泥柱子樣品。其中，一根長的樣品有 67.5 厘米，從最表層到巖石層，儘可能從中獲取最為久遠的環境和生態變化的歷史資訊。

誰也沒有想到，這 67.5 厘米的雅湖沉積柱裏，蘊藏着南極地區迄今 3000 年的雨雪風霜、生物繁衍的歷程。

讓 3000 年來的沉積柱，道出企鵝的祕密

孫立廣 1968 年畢業於南京大學地質系，是學地質的科班出身。其祖籍安徽廬江。

他大學畢業正逢「十年動亂」，分到了煤炭部在福建龍巖的 121 地質隊，主業找煤。直到「文革」結束後撥亂反正，高校奇缺人才，他才調進了位於合肥的中國科學技術大學，任地球與空間科學系地球化學專業教師，開授普通地質學。

「孫老師上課，特別有激情，全校有名，所以他的課學生沒有睡覺的。我是主動找孫老師申請做他研究生的，沒想到還有機會跟他去了南極，從此一發而不可收。」如今已是極地環境研究室主任的謝周清教授說。

回首當年從南極回來，取得了沉積柱卻沒有科研經費的往事，孫立廣頗有感觸地說：「實際上，那些預期研究結果不確定並有可能失敗的研究項目，才有可能是原始創新的項目，而這樣的可能失敗的研究項目，往往難以通過。原因可能是基金主管部門和參與評審的專家都很難接受這樣的風險。」

所幸的是，剛就任中國科學技術大學校長的朱清時等 3 位

校領導，破例批准給這個項目 10 萬元研究經費。

當時，他們沒有自己的實驗室和測試儀器，就委託外校的一個分析實驗室，測試雅湖中採集的寶貴樣品，並千叮嚀萬囑咐地拜託他們千萬不要污染了樣品。誰料想，一個月後，分析測試的結果出來了，企鵝糞土層中的農藥殘留差不多達到了當時農貿市場上蔬菜的農殘水準。這是完全不可能的。

所幸的是，孫立廣送樣時，在沉積柱的底部，也就是距今 3000 年的沉積物中取了一個作為比對的標樣，3000 年前沒有農藥「DDT」和「六六六」啊，只有它的數值為「零」，其他數據才有可能是可靠的。遺憾的是，這個樣品的農殘數據也是高值的。這讓孫立廣團隊痛心至極：千辛萬苦得來的沉積柱樣品，幾乎一半毀於數據造假！

慘痛的教訓提醒他們：今後外送檢測的樣品一要備份，二必須打亂層序編寫樣號，三是有條件的話，讓自己的博士生參與到對方實驗室的檢測過程中去，同時還可以培養學生的動手能力。

在中國科學院南京地理所等科研單位的支持下，沉積柱的元素分析結果出來了，可以確定企鵝通過取食、消化磷蝦和

魚類，以及在南極陸地排泄的生物地球化學過程，將海洋元素鍶、氟等轉移到淡水湖泊沉積物中來，通過海鳥這一介質實現了海洋和陸地之間大跨度的物質轉移，使得該沉積物兼具海洋沉積、湖泊沉積和生物沉積這三重屬性。

而磷、鍶、氟、硫、硒、鋇、鈣、銅、鋅這9種元素是企鵝糞的生物標型元素，它們濃度的高低變化標誌着企鵝糞在沉積層中的含量高低變化，而碳同位素的分析結果與其一致，由此得出了阿德雷島過去3000年中企鵝數量的變化：在人類未曾干預的情況下，企鵝種羣發生過4次顯著波動，距今1800～2300年即新冰期，溫度最低期間，企鵝數量銳減；在距今1400～1800年間，氣候相對溫涼期間，企鵝數量最多，可見南極的氣溫過高或過低，均不適宜企鵝繁衍。

2000年10月14日，孫立廣小組的論文《記錄：過去3000年企鵝數量變化》發表在世界頂級期刊《自然》上。審稿人的評論是：「這是一種研究南極湖泊集水區歷史時期企鵝數量的新穎的生物地球化學方法。在不久的將來，它很可能形成某種活躍的研究領域。」

這段特殊的經歷也促使孫立廣去思考科學儀器在科學發現

中的重要性。他認為，從科學技術發展史的角度來看，科學與技術的進步不是袋鼠式的「雙腳跳」，而總是技術先邁出一小步，科學隨之再跟進一大步。光學顯微鏡發現了微生物的新世界，微生物學誕生了；射電天文望遠鏡把原本肉眼看不見的宇宙深處納入了人類的感覺視野，射電天文學橫空出世。但人們在向那些發現自然奧祕的科學大師頂禮膜拜的同時，那些製造出光學顯微鏡和射電望遠鏡的傑出工程師卻被大眾忘記了。

　　科學巨匠們的科學假說和學說思想，常常是掠過思維空間的一道科學曙光，並最終要由科學實驗來加以證實，而科學實驗需要等待技術的進步。從愛因斯坦相對論到宇宙間引力波的證實都是如此。

　　他說：「過去和未來的科技進步都是這樣：技術總是走在科學的前面，科學在遇到瓶頸的時候，常常求助於技術的進步來突破。一個不重視儀器設備發明創造的國家，不可能走在科學與科學發現的最前沿。不幸的是，在一個以論文數量論短長的評價體系下，儀器設備的研發工程師和實驗技術人員的作用可能被大大低估了。幸運的是我們趕上了一個全球技術進步和有的部門似乎『不差錢』的年代，前幾年似乎可以靠『買設備』

孫立廣教授在中國科學技術大學極地環境研究室裏研究科考中發
現的古代器皿瓷片。

來解決問題。但從長遠看，靠買是『買』不來科學創新的，還是要建立新的創新評價激勵機制，鼓勵我們的工程師研發高精尖科學儀器。」

科研中遭遇的「異常」，是科學新發現的「門窗」

在孫立廣指導下博士畢業，又從渥太華大學讀完博士後回來的程文瀚，參加過南極冰穹 A 的崑崙站科考。他說：「孫老師有句名言：『你不要怕提出可笑的問題，可笑的是你提不出問題。』最讓孫老師興奮的測試結果不是證明他預見的正確，而是數據異常。因為『異常』，對他就意味着可能是科學新發現的『門窗』。」

在西南極納爾遜島的冰緣湖泊中，孫立廣採集了 3 個柱狀沉積物，回到中國科學技術大學進行分析測試後發現，南極的湖水也不是一塵不染的，更讓他吃驚的是，「1965 年全球禁用 DDT 之後，南極冰緣湖泊中沉積的 DDT 含量不僅沒有降低，反而上升了，這是為甚麼？」

「遇到這樣的難題，我就開始在陽台『面壁星空』：冰蓋上

每一層冰雪都記錄了它攜帶的 DDT 含量。當東南極夏季溫度升高，不僅冰層當年的積雪融化，之前帶有 DDT 成分的冰雪也融化了，於是，冰蓋中原來『儲蓄』的 DDT 就淌入了冰緣湖泊，造成冰緣湖泊中沉積的 DDT 含量不降反升。但如果持續升溫，DDT 含量終將消耗殆盡。」

孫立廣和他的團隊在糞土層沉積柱的研究中還發現，海豹毛中的鉀、鈉、磷等元素在過去的 2000 年中含量相對穩定，而海豹毛中汞的含量則劇烈波動，在公元 18 年至 300 年、750 年至 1000 年等 5 個不同的時間段出現了波峯，這一「異常」又是為甚麼？

他們研究後發現：公元 700 年前後，如今已失落的瑪雅古文明逐漸鼎盛，在智利一帶冶煉尤為活躍，它令汞排放迅速增高，海豹毛的汞含量顯示，在距今 750 年至 1000 年間出現了第二個峯值，並在距今 800 年達到了 1500 納克／克。

人類活動就這樣改變了海豹毛的物質構成，在如此細小的微觀尺度上留下了瑪雅文明的蛛絲馬跡！

美洲掀起「淘金熱」時期（1580 年至 1900 年），由於大量開採金銀礦山和從事金銀冶煉，提取和消耗的汞的總含量高

達 25.74 萬噸，與之毗鄰的南極半島海域海豹毛中的汞含量在
1700 年至 1800 年間同步高峯；而 19 世紀初的南美獨立戰爭
使整個南美的金銀礦山停止開採，金銀冶煉活動停止，汞的生
產、消費幾乎中斷，而海豹毛中的汞含量也降到了過去 2000
年來的最低水準。

國際生態學權威刊物《生態環境前沿》認為，這一研究對
研究文明的發展與環境代價有重要的科學意義。

企鵝究竟有沒有氟骨病？

提出這個問題，是因為他們在研究企鵝骨骼時發現：企鵝
骨骼樣品中的氟含量介於 6400 ～ 9000 微克／克之間，而人體
中骨氟的正常濃度是 500 ～ 1000 微克／克，如果大於 3500 微
克／克，就會患上氟骨病。企鵝走路的樣子很笨拙，是不是因
為牠患上了氟骨病？

值得慶幸的是，謝周清在中山站科考時，獲得了一具企鵝
骨骼。生物學家對骨骼做 X 光檢查後發現：企鵝骨骼的紋理都
很清晰，骨密度正常，沒患氟骨病。

這太「異常」了！「異常」再次激發了孫立廣，他們深究下
去，發現過量的無機氟才是氟骨病的罪魁禍首，而有機氟不參

與骨骼中羥基鈣磷灰石的結晶過程，所以對企鵝來說，其骨骼中約佔氟總量三分之二的有機氟是無害的！

後來科學家們對企鵝步態研究的結果是：這個看來如此笨拙的萌萌行走，卻是企鵝在冰天雪地中最節省能量的步伐！

2004 年 7 月，孫立廣、謝周清等又參加了北極黃河站的科考。該研究室又取得一系列研究成果，發現了距今 9400 年的冷事件和鈍貝生態災難事件。

謝周清的《持久性有機污染物 (POPs) 在北極海冰 – 氣界面的循環及其環境效應》被《自然通訊》列為過去 20 多年來關於北極持久性有機污染物的 16 篇重要論文之一。

創新從來都是九死一生的，你到底要的是甚麼？

對於極地環境研究室 20 年來在南北極取得的成就，孫立廣說：「科學發現本質上都是洞穿複雜的簡單，經歷千錘百煉的簡單才是美的，才是科學。但是美是經歷了複雜的歷練過程的，猶如從深邃的火山口下穿越而上天空的巖漿，人們只看到了那瞬息即逝的燦爛，但是他們沒有看到在巖層深處那黑暗迷

茫的過程。而這個過程的源頭是動能和熱能，科學發現的源頭是人們常說的『思想』，如果沒有想法就出不了高水準的科學成果。」

孫立廣曾對同行說起他在南極長城站科考時的一個「發現」。他說：「那時，我幾乎每天都會看見一位來自德國耶拿大學的鳥類科學家漢斯來到長城站海邊的淡水池塘旁，點數賊鷗的數量。後來才知道，這是他的一個觀測點，更讓我震驚的是，漢斯已經把這個我們看來枯燥的工作做了40多年。」

「這項研究是非常有意義的，它將表達氣候變化和站區的人類活動對賊鷗數量和遷徙的影響。但我們似乎還缺少這樣有耐心的長期監測工作，原因似乎很簡單：誰能保證進行這項研究的青年學者的職業升遷呢？哪個博士生導師能保證自己的博士生做這麼長期的研究還能如期畢業呢？但一些重要的科研項目，是需要時間積累的，我們似乎還缺少這類長遠的具體研究規劃。現在國家有關部門開始進行的業務化長期監測也許能解決這些問題，但靠大家輪流做，與一位科學家或一個團隊的科學家專心致志來做，結果肯定是不同的。」

而他經常對自己科研團隊裏的年輕人說，如果你們僅僅把

目標定位在博士學位上，鎖定在副教授、教授上，是沒有多少出息的。

　　孫立廣告訴年輕人，丁仲禮院士曾說過一件事，他在某位學者表示要在未來 3 年裏發表多少篇論文後問道：「你要發表那麼多論文幹甚麼？關鍵是你究竟要做甚麼呢？」孫立廣對他的博士生說：「我也希望你們想清楚，創新從來都是九死一生的，你到底要的是甚麼？做有意義的事情，這才是我們的目標！」

　　懷揣甚麼樣的科學理想出發，不僅決定了一位科學家往哪個方向走，往往還決定了他能走多遠。

俯首傾聽青藏高原的喃喃低語

青藏高原海拔5000米上下的地區，空氣含氧量不足內陸平原地區的一半。而中國土壤科學家，這羣特殊的漢子，似乎自帶氧氣、能量和光芒，無懼高海拔、缺氧和艱難險阻，激情滿懷地奔走其間。

他們不是熱衷探險的「驢友」，而是一支由中國科學院南京土壤研究所土壤科學家為主組成的土壤科考隊。

從 2017 年 8 月 19 日開始，我國正式啟動了第二次青藏高原綜合科考。多年來，10 大科考任務漸次展開，涉及 5 大綜合考察區域，共有包括中國科學院南京土壤研究所在內的 60 多個專題科考分隊為此奔走在青藏高原的冰川、湖泊、荒漠和草甸之間。

中國土壤學會祕書長、中國科學院南京土壤研究所研究員張甘霖介紹說：「世界上有超過 35 萬種植物生長在土壤上，全球 70 億人每天消耗的 80% 以上的熱量、75% 的蛋白質和植物纖維都直接來自土壤，但世界上三分之一的土壤已經退化。而青藏高原獨特的地質歷史、氣候條件和植被類型，造就了青藏高原獨特而又豐富的土壤類型，它既是地表環境要素相互作用演化的產物，又是維繫青藏高原生態系統的基礎。通常，形成 1 厘米厚的土壤可能要經歷 100 年到 1000 年的時光，而在青藏高原高寒地區要經歷的時間也許更長。」

「土老帽」、「土得掉渣」，「土」在很多人的思維中幾乎是貶義詞。而我們對土壤的漠視，或是因為自身的生命過於短暫，如同「夏蟲不可語冰」？

還是跟隨土壤科學家走進青藏高原，俯下身，把我們平日

灌滿了城市喧囂的耳朵緊貼在荒漠和草甸上，聽聽高原土壤的喃喃低語吧！

劉峯隊科考誌：隆仁錯──色林錯

　　南京土壤研究所科考隊的出征儀式是 2019 年 7 月下旬在拉薩舉行的。張甘霖在出征儀式上動員說，40 年前的首次青藏高原綜合科考，前輩們製作了 1：100 萬的青藏高原「土壤圖」，而這次的目標是完成 1：50 萬的土壤圖。過去圖上 1 平方厘米代表 100 平方公里，而新圖的 1 平方厘米代表 25 平方公里，雖然比例尺精度只提高了 1 倍，但土壤採樣工作量增加到 4 倍。且由於土壤在空間上的變化很複雜，我們科考隊要找到土壤變化的區域和邊界，發現不同尺度的土壤變化規律，同時將土壤空間的資訊更精確地體現在土壤圖上。

　　所有的科考隊員都覺得責任重大。第二次青藏高原綜合科考是一個綜合性非常強的系統工程，土壤科考是其中涉及地表系統的非常重要的部分，是整個系統工程中不可或缺的一環。但南京土壤研究所承擔的土壤科考項目，也只是土壤科考中的

一部分。具體承擔的科考內容，是「土壤品質變化及其對生態系統的影響」專題中，直接以土壤為研究對象，側重於土壤的類型和分佈的子專題。土壤和農業開發、生態環境保護等密切相關，因此必須對青藏高原的土壤數據有全面的了解。

這一科考項目是個 5 年規劃，計劃野外分區作業 3 年，2019 年是野外作業的第一年；後 2 年主要進行室內研究分析。科考重點是研究土壤不同尺度的分佈規律，目標是製作完成精度比過去高一個等級的青藏高原「土壤圖」。

科考隊從拉薩出發後，經日喀則便兵分三路：由研究員趙玉國、李德成和副研究員劉峯各率一隊，每個小隊又分為 2 組，按計劃分頭奔向藏西北高原。

青藏高原成土環境獨特，劉峯從一開始就期待着「意外」：科學史上的很多發現都是「意外」引發的，據說當年英國人弗萊明因着急出門旅遊，忘記了培養皿中的細菌，卻因此發明了青黴素。「意外」，常常是未知世界對科學家的「額外饋贈」。但劉峯沒有想到的是，這次科考，各種意外竟接踵而來。

7 月 24 日傍晚 5 點半，劉峯小隊抵達謝通門縣隆仁錯附近，劉峯看天藍雲白，估計趕在晚 9 點半天黑前仍能完成一個

樣點，果斷決定採樣作業。GPS 顯示，預定的樣點在附近山上，於是他們將車停在山腳，扛着工具登上山頂。一個標準的土壤樣點，應是寬 1 米、深 1.2 米、長近 2 米。通常山頂上土層不會很深，但他們挖到 0.9 米時，意外地出現了一個堅硬的黏土層，有 6～7 厘米厚。這一現象讓劉峯他們頗感困惑，不知該如何解釋，再往下挖，直挖到 1.4 米，才到土壤的母質層。取樣完畢，已是晚 10 點半。

此處海拔 5020 米，只要太陽一落山，風就從涼爽變得冰冷，累得滿頭大汗的他們趕緊打着電筒摸下山。這晃動的電筒光，讓山腳下等着的司機宋師傅鬆了一口氣。之前，科考隊做一個採樣通常要 3 個小時，而此刻「已經 4 個半小時了，他們怎麼還不下山」。曾聽說這裏有野狼出沒，還沒有手機信號，他正急得想着要去報警求援。

一行人趕緊上車，往山下駛去。不料迎面來了一台拖拉機擋住去路，車上跳下一大羣藏民將科考隊圍上了。劉峯他們不通藏語，對方不諳漢語，雙方比劃半天才猜出對方的意思。藏民問：「你們是來幹甚麼的？」劉峯忙遞上南京土壤研究所的介紹信。直到介紹信和每個隊員的身份證讓每位藏民仔細過目

南京土壤研究所的科考隊員在色林錯湖邊做土壤樣方。　　　鄭蔚 攝

後，藏民才放下警惕，彼此握手言歡。原來，藏民發現「一夥來歷不明的人在他們的山上摸黑挖坑」，形跡實在可疑，必須核查清楚。

告別藏民，劉峯剛放下心來，就聽見在內江師範學院任教的楊帆說：「師兄，我頭抬不起來了。」這讓劉峯心又一緊。他看楊帆冷得直打哆嗦，便讓宋師傅加大油門直奔謝通門縣醫院。

謝通門縣醫院裏，只有一位藏族醫生和一位藏族護士值班。一測楊帆的血氧含量指標只有 60 多，人在內地的血氧含量正常值應是 95 以上，醫生趕緊給他吸氧。醫生說：「別說你們內地人，就是我們當地人，一下子上 5000 多米的高原，也會有高山反應的。咱醫院條件差，連 X 光機也沒有，也只能給他吸氧，病人還是送到日喀則市醫院比較安全。」

雖然已是次日零點三十分，宋師傅二話不說連夜駕車送楊帆去日喀則。車進日喀則市人民醫院大門，正是凌晨 2 點半。好在楊帆年輕體壯，在日喀則醫生的救助下次日就度過了高反。

劉峯小隊下一個科考樣點在色林錯。色林錯湖面開闊，

中國科學院青藏高原研究所的研究表明，由於十多年來湖面面積不斷增加，原位居我國第三大鹹水湖的色林錯面積已超過了納木錯，成為我國第二大鹹水湖。組長楊飛和楊帆他們選了一處，蹲下身，分別用手撿了幾顆草甸上的白色結晶嘗了嘗：「鹹的，是鹽。就這兒吧。」高度表顯示：海拔 4533.7 米。在高原上平地挖深坑可是個力氣活，郭龍、谷俊、楊帆、谷洪玉、鍾陳等年輕人輪番上陣。楊飛解釋了為甚麼選這兒做樣點：因為千百年來色林錯湖面大幅度進退，選點必須考慮代表性，這裏是典型的鹽化草甸土，但地下水位高，如再往湖邊走，怕有陷車的可能。

　　果然，才挖了六七十厘米深，地下水就湧了出來，他們趕緊用桶往外舀水，水乾了再挖，沒挖幾下水又從四壁滲出，於是再往外舀水⋯⋯幹了 2 個多小時，才形成了標準的樣坑。於是，楊帆他們精心修出整齊的坑壁，判定樣點的土層，再逐層取樣。每層取 1 袋土，每袋 2 公斤。

　　為甚麼用布袋裝土？楊帆解惑道：「布袋可以濾去土樣中的水分。如果裝在不透氣的塑膠袋裏，土樣裏的微生物活動容易使土壤變質，影響土壤的理化性狀。有條件的話，布袋中的

土樣還應當儘快風乾。」

只見谷俊又跳入坑中，用錘子將一個 5 厘米高的鐵環砸進土裏，取出後用小刀細心地削去露出環外的部分。「這是環刀樣品，」楊飛說，「用於測定土壤的容重，它可以反映土壤的通氣和持水性能，是事關農牧業生產的重要指標。每層取 3 個環刀樣品，回到實驗室後，還要送進 105℃的烘箱內將它烘乾，再計算出它的容重。」難怪取樣如此精心。

在這支隊伍裏，還有幾位特殊的成員：瀋陽農業大學教授王秋兵、谷洪玉博士和華中農業大學的郭龍博士。行前，王教授的夫人一直擔心他血壓會不會太高、高反會不會嚴重。公道地說，這完全是夫人級的合理關切。但誰想到這次科考中，王秋兵教授的血氧含量始終徘徊在 70 ～ 75 之間，他不僅是科考隊裏博士、碩士們的帶教老師，一路輔導，還兼科考隊現場作業評委，最後還親自上陣做樣點。如同上半場他在球隊當「場外教練」，下半場卻變身直接射門進球的「前鋒」。不能不說，野外科考，有太多的意外和想不到。

還有郭龍和谷洪玉這兩位博士，這是他們第一次見識青藏高原。這青藏高原，對別人來說是「詩和遠方」，對他們剛剛

開啟的科研生涯來說，卻是「一生的冷板凳」啊！「非常震撼，最大的收穫是換了一個視角看自然！」「為甚麼山坡上溫度更低，植物反而比山腳下更茂盛？怎麼區分草原、草甸和草氈？怎麼區分土壤中的洪積物和坡積物？過去我們只知道書本上的道理，現在我們見識了青藏高原的神奇！」他倆興奮地說。

李德成隊科考誌：阿果錯 —— 大標本

青藏高原強烈的紫外線在李德成臉上留下了再清晰不過的印記：雙頰完全呈紫紅色。而他說起話來依然如年輕人一般激情飛揚，讓人想不到他是 1965 年出生的人，年齡僅次於科考隊中「友情出演」的瀋陽農業大學資環學院的老院長王秋兵教授。自 2013 年起，他已經六上青藏高原了。是甚麼驅動力，讓這兩位老教授這麼激情滿滿？李德成隊先是一路直奔羌塘高原腹地，連續在阿里地區的革吉、改則、措勤等縣及日喀則市的仲巴縣工作數日後，8 月 1 日按計劃由仲巴縣城趕往革吉縣亞熱鄉附近的阿果錯進行調查採樣。但誰也沒想到，他們迎來了本次科考中最艱難的一天。

　　早晨 8 時 30 分，吃過簡單的早餐，全隊 3 輛車一同前往目的地。讓李德成和吳華勇意外的是，進阿果錯唯一的山路竟然是條坑坑窪窪、彎曲上升的石子路，車子時速全程不超過 20 公里。

　　待趕到目標地阿果錯邊時，已是下午 4 點半。全隊人馬顧不上吃午飯，由吳華勇負責先選樣點，他從離湖邊大概 1 公里的一個山腰處開始向湖邊走，每隔 20 米左右向地表滴幾滴稀鹽酸，觀察稀鹽酸與碳酸鈣反應產生的 CO_2 氣泡有多少（土壤學上稱為石灰反應），發現石灰反應總體上呈現從無到有，且逐漸增強的規律，於是他從高到低依次選定了 4 個樣點，每個樣點間距 300 米左右。

　　當初為甚麼想到佈設這個地形序列樣點？

　　碳酸鈣是我國中西部乾旱──半乾旱地區土壤中最重要的物質，也是劃分土壤類型的重要指標。土壤中的碳酸鈣會隨着水分（降雨或灌溉）向地表低的地方或土壤的下部遷移。設計這個地形序列樣點，就是想看看碳酸鈣從山上向湖邊、從土體上部向下部的兩個方向的遷移情況，通過碳酸鈣的這種遷移情況，可以有助於了解青藏高原古環境的氣候特徵。

土壤學家們在色林錯湖邊選擇採樣點。

鄭蔚 攝

　　阿果錯的海拔 5300 多米，要一次完成 4 個樣點並不輕鬆，且當時正趕上下着小雨。幸虧裝運設備和物品的皮卡（農夫車）上載了一台汽油鑽。吳華勇抱着這重達近 20 公斤的汽油鑽，連續開挖調查採樣了 2 個離湖近的樣點，而李德成則完成了 2 個離山近的樣點。晚上 9 點半，全部樣方終告完成。

　　此刻，隊伍從早晨出發已然 13 個小時，全隊沒吃午飯和晚飯，飢腸轆轆。如再按原計劃趕到 100 多里外的仲巴縣城，一是太疲勞，二是也不安全。李德成和吳華勇商量後決定，改為趕往就近的帕羊鎮住宿。

　　但意外事件，總是在意想不到的時刻抵達意外的空間。車隊沒走多久，皮卡左後輪爆胎，他們只好下車換胎。當時氣溫不到 3℃，寒冷異常，周邊還不時傳來野狼、野驢之類的野生動物的嘶嚎。待換好車胎再重新上路，抵達帕羊鎮已是次日凌晨 1 點半。車在街上轉悠了大概半個小時才找到一家有空房的「重慶飯店賓館」，敲開門進去才知道這裏沒水、沒電、沒飯。雖然飯店沒「飯」，但對這些在荒原上奔波了近 20 個小時的科學家來說，有一張牀鋪就是天堂了。這些漢子幸福地撲倒在牀上，立馬鼾聲四起，直接進入酣睡模式。

如今，所有的吃苦受累都已經成為科考隊員終身難忘的記憶。李德成曾拍下他們隊員在班戈錯邊採集完一個「土壤大標本」後興高采烈歸來的視頻，個個手舞足蹈就如凱旋的士兵。

甚麼是「土壤大標本」？其實就是土壤的原狀整段標本，主要用於博物館內展示土壤原貌。所以科考隊要把原狀土壤原汁原味地帶回去，讓所有未能到實地的人一看到這「大標本」，就大致知曉青藏高原的土壤是怎麼樣的。

「大標本」的要求是在樣坑上取一個高 1 米、寬 20 厘米、厚達 5～8 厘米的土柱，然後裝入大木盒裏，再運回內地。「班戈錯的那個土壤樣本特別難做，由於是靠近湖邊的沼澤，土壤含水特別高，且非常鬆軟，往往是正取樣的時候，樣壁就突然坍塌，沒有辦法，只能重新再取，前前後後折騰了幾次才搞定。所以我們有句行話：泥越軟，功夫越硬。」李德成說。

在班戈錯取的是甚麼類型的土壤呢？一般土壤從上到下，最簡單的可分為 3 層：最上面 A 層為表土層，最底下 C 層為母土層，中間的 B 層叫心土層。土壤的發育程度，可以通過對心土層的性狀來判斷：它有沒有植物根系？黏不黏？有沒有形成結構？甚麼形狀的結構？等等。如果心土層發育程度高，

一般就比較厚，可以再細分為多層。如果土壤沒有發育或發育弱，往往 A 層下面直接就是 C 層，或 B 層很薄。

李德成分隊裏，還有一支「外援」，就是中國科學院生態環境研究中心的劉四義和兩位博士生韓冰、井忠旺。與眾不同的是，他們是唯一自帶雪櫃的專家，那台體積 100 餘升的移動雪櫃由皮卡載着，與他們寸步不離。當李德成他們忙着採樣時，劉四義則與學生一起戴上專用手套，開始採集土壤樣品，一部分直接放進始終保持 -20℃的低溫雪櫃，另一部分則裝進常溫自封袋，還有部分用錫紙包起來，以避免有機物的干擾，用於回去分析土壤的脂質。「我們關注的是青藏高原土壤微生物的多樣性，以及對土壤品質和氣候變化的指示和反饋作用。」他說。

青藏高原確實有着許多獨特和神奇之處。因為它地處高寒地區，人們通常認為青藏高原土壤發育和母質風化都很慢，但實際上青藏高原剝蝕區是全球剝蝕速率最高的地區之一。雖然青藏高原有些土壤的發育程度仍在幼年期，但其實下面覆蓋着很古老的土壤。

土壤樸實無華，默默無聞，但土壤是莊稼之母，土壤的品

質很大程度上決定了農產品的品質，因此受到公眾的關心是很自然的，這也為保護土壤提供了「無可奈何」的契機。張甘霖說，從系統的角度看，土壤是連接地表圈層的紐帶，是生態之基，因此關注土壤問題絕不是只有污染問題，土壤還面臨多種退化威脅。我們要認識到土壤是正在被消耗的自然資產，雖然從理論上而言它是「緩慢再生的資源」，但對人類世代而言，它卻是「不可再生」的。關注土壤的安全不僅僅是為我們自己，也是為子孫後代提供生存和發展的基礎，當然值得每個人都來關心和保護。

趙玉國隊科考誌：羌塘無人區 ── 銀河系

趙玉國分隊的科考線路最令人羨慕：從日喀則走318國道，到拉孜後改219國道到達阿里獅泉河，然後往東北方向闖入羌塘無人區西南部分，再翻過喀喇崑崙，到達喀什地區後，東進和田，沿崑崙山北側、塔里木盆地南緣進若羌，再分兵二路，一路奔阿克塞，另一路奔德令哈，在格爾木會合後，再向南翻越東崑崙，到達唐古拉山沱沱河，最後折返格爾木。

科考隊員劉四義（左）、韓冰在仲巴縣海拔 5712 米的山上取樣。

井忠旺 攝

全程從西藏到新疆，再到青海或甘肅，再到西藏，總計 1 萬多公里。

張甘霖介紹完各科考分隊的行程後說：「其實，早在 40 年前，當時的青藏科考和全國性的普查就做過土壤調查。但受當時技術條件的限制，青藏高原的很多區域去不了，有的實驗做不了。所以雖然那時老一輩土壤科學家畫出了青藏高原土壤分佈圖，但精度有待提高，而且 40 年過去了，當地生態環境的變化很大，全球氣候變暖也帶來了青藏高原植被和土壤的變化。如今，我們已經有了更好的技術手段，可以進入過去沒能進入的無人區，並獲得新的觀測數據。通過這些新數據和歷史數據的對照，可以幫助我們獲得更多的資訊，更深入理解環境變化對土壤的影響，以及土壤變化對環境的影響。」

如果問趙玉國隊：這次科考，你們最難忘的經歷是甚麼？那絕對是穿越羌塘無人區的經歷。

那天，趙玉國、宋效東 2 台車從革吉縣鹽湖鄉出發前往日土縣，因司機要辦證，來自雲南農業大學的講師王豹臨時「代駕」。從地圖上看，行程 240 公里，不算太遠。但原來的土路因大雨變得十分泥濘，且時斷時續，車走着走着就迷路了，

因為全無地標，即使原路返回，都不知道在哪裏走岔道了。用 GPS 導航也只能顯示大概的方向，卻顯示不了路在何方。更糟心的是，手機信號沒有，還與宋效東車失去了聯繫。趙玉國看着車上的油表顯示僅有半箱油，果斷決定：先找藏民加油！

好不容易找到一戶夏季牧場藏民，但彼此語言不通，比劃了半天還不行，趙玉國乾脆畫了一個加油站，藏民這才明白，輾轉多處找來 30 升油。這無人區的油來之不易，除了 600 元油錢，科考隊還送了藏民一支電筒。加完油已是下午 1 點，圖上距離顯示才前進了 80 公里，他們只得趕緊上路。

無奈路況實在太差，一個側滑，車陷爛泥裏了。其實這不過是他們無數次陷車中的第 N 次，因為經常陷車、挖車，別的隊已經授予他們「專業挖車隊」的美譽。但這次真的是「陷」車了。倘若在內地，只要路邊有一棵樹，他們用車頭前的絞盤鋼纜，也能把自己的車拉出來。可這裏是高寒、高海拔的無人區，別說樹，草都沒幾棵。他們先是試着將挖土壤剖面的鏟子插入地上，將它作為鋼纜的支點拉車，結果鏟子力不從心。腦力激蕩後，還是他們的專業啟發了思路：索性挖一個剖面，在剖面底部橫放工兵鏟，再用石塊和土壓住工兵鏟，用鏟子的鋼

柄抵住土壁作為鋼纜的支點。這下，「專業挖車隊」證明自己果然不是浪得虛名！

誰想到，他們還未從「自救成功」的自豪感中平靜下來，前面的路面已經被雪水和雨水淹沒，就連原來可勉強辨認的車轍都不見了，這是該進，還是該退？車上的趙玉國、王豹和汪虎三人，都同年屬虎，人稱他們為「虎豹隊」。三人對過眼神，於是王豹切換低速四驅，前後差速鎖定，升高底盤，拿出了虎豹的狠勁：衝！

車輪濺起一片片水花，多次側滑，都被王豹敏捷化解，終於闖了過去。「我們沒有退路。」趙玉國對王豹說。

這早已廢棄的土路讓「虎豹隊」吃足了苦頭。日落西山之時，又一個急剎車：前面路不見了！

3 人忙下車上前察看：原來，土路已被一股湍急的水流沖出一條深溝，車還能過嗎？

王豹不顧這冰川融水特別涼，脫了鞋襪跳了下去，拄着鏟子一步一滑蹚向對岸，「應該能過！」

趙玉國回憶起來：「其實我那時想，大不了還是陷車，我們就原地過夜，明天再把車挖出來！」

是啊，「專業挖車隊」還怕挖車嗎？

「虎豹隊」回到車上，緩踩油門，發動機低吼，果然！一番顛簸搖擺之後，深溝已在身後！

王豹興奮得剛要開啟「飆車」模式，只聽趙玉國下令：「停車，我們再做一個樣點。」

甚麼？日落西山，已半天不見一個人影，而油料即將耗盡，尚不知日土縣路在何方，還做樣點？

「做，」趙玉國果決地說，「這裏前人沒有做過樣點，我們來一次無人區太不容易了，趕緊做。」

這真是「不忘初心」最好的詮釋！這裏是 33° 4′ 17.3424″ N、80° 52′ 46.2288″ E，海拔 4433 米，它將成為未來的《1：50 萬青藏高原土壤圖》中一個新呈現的樣點。

車行子夜，又遇沖溝，停車探路。

不知哪位「虎豹隊」員先抬首仰望，驚歎道：「快看，星空！」

平日見慣了城市燈火的他們，突然在漆黑一片、渺無人跡的無人區，撞上了億萬年來始終默默注視着我們地球的銀河，震撼無比。

「儘管前路未知，但那一刻，我覺得我們歷經千辛萬苦，做了那麼多樣點，好像就是為了來看這銀河的。」趙玉國說。

星河璀璨，籠罩四野，無以名狀。

每一個民族，都需要仰望星空的人；每個人的一生，總應當有一刻，哪怕僅僅一刻，在星空下默然肅立，洗淨靈魂。

（附記：2019 年南京土壤研究所的 3 支科考小隊各自行程上萬公里，總計完成了 250 多個土壤採樣。）

責任編輯　楊紫東
裝幀設計　龐雅美
排　　版　龐雅美
印　　務　劉漢舉

少年讀中國系列

科技之光

鄭蔚 / 著

出版 / 中華教育

香港北角英皇道 499 號北角工業大廈 1 樓 B 室

電話：(852) 2137 2338　傳真：(852) 2713 8202

電子郵件：info@chunghwabook.com.hk

網址：http://www.chunghwabook.com.hk

發行 / 香港聯合書刊物流有限公司

香港新界荃灣德士古道 220–248 號荃灣工業中心 16 樓

電話：(852) 2150 2100　傳真： (852) 2407 3062

電子郵件：info@suplogistics.com.hk

印刷 / 美雅印刷製本有限公司

香港觀塘榮業街 6 號海濱工業大廈 4 樓 A 室

版次 / 2023 年 1 月第 1 版第 1 次印刷

©2023 中華教育

規格 / 16 開 (210mm x 148mm)

ISBN / 978–988–8808–56–4